TOI, MOI, NOUS
AU QUOTIDIEN

Les Impliqués Éditeur

Structure éditoriale récente fondée par L'Harmattan, Les Impliqués Éditeur a pour ambition de proposer au public des ouvrages de tous horizons, essentiellement dans les domaines des sciences humaines et de la création littéraire.

Déjà parus

Desaulles (Christophe), *Lahraki*, récit autobiographique, 2015.

Paone (Maxime), *Mon Japon*, récit, 2015.

Barbey (Francis), *De qui nous viendra le salut ?*, essai, 2015.

Singou-Basseha (Apollinaire), *Regards croisés sur la littérature congolaise*, essai, 2015.

Devaux (Estelle), *Alice et le chaman de Kolakhouré*, roman, 2015.

Moignoux (Pascale), *Journal d'un Franc-Créole*, récit, 2015.

Cartier (Jean-Michel), *Monsieur Lentard*, quasi-roman, 2015.

Babinet (Blandine), Bourgey (Chantal), Jomier (Roseline), *Carnets de bibliothécaires à la prison de la Santé*, récit, 2015.

Frank (Évelyne), *L'œuvre de Hilde Domin*, essai, 2015.

Benzaquen (Randolph), *Tourbillon de vie*, récit, 2015.

Ces dix derniers titres de ce secteur sont classés par ordre chronologique en commençant par le plus récent.
La liste complète des parutions, avec une courte présentation du contenu des ouvrages, peut être consultée sur le site :
www.lesimpliques.fr

Marcel Postic

Toi, moi, nous au quotidien

Comment donner un sens à sa vie

Les impliqués Éditeur

21 bis, rue des écoles, 75005 Paris

www.lesimpliques.fr
contact@lesimpliques.fr

ISBN : 978-2-343-05794-1
EAN : 9782343057941

Exister, vivre

Exister, c'est se réaliser en tant qu'être humain qui veut donner un sens à sa vie. Qui fait un choix de vie. Le contraire de celui qui se laisse vivre au gré des événements. Dans l'insouciance. Dans la recherche du plaisir. Ou bien celui qui est sans cesse dans l'action, la précipitation qui enivre, qui chasse l'angoisse de vivre. Fuyant toute interrogation sur sa vie, mais cherchant à balayer son inquiétude permanente face à la mort.

Prendre le temps de se voir vivre, de s'interroger sur soi, dans le passé et le présent, d'analyser les représentations qu'on a des situations vécues, des êtres côtoyés, de détecter les mensonges qu'on se fait à soi-même pour cacher ses propres manques et masquer les erreurs commises.

Etre soi pleinement, en maîtrisant son existence, non selon un code de règles extérieures, mais en créant des modes de contrôle de ses réactions face aux situations rencontrées. Cela suppose un travail continu sur soi-même, pour être en possession de soi et se gouverner.

Loin de se conformer à des normes, à un devoir, par un choix social ou des bases rationnelles, ou d'opter pour la foi, qui établit un mode d'existence dans un rapport religieux à Dieu, celui qui veut mener son projet personnel de vie, en se situant dans le temps, n'opte pas pour une vérité extérieure. Il doit chercher la vérité subjective dans son rapport à lui-même, dans des moments de tension, où il est pris dans un réseau d'impératifs contradictoires. Comment et pourquoi a-t-il réagi à cet instant ? Quelles fautes peut-il se reprocher ?

Il mène un effort pour se construire une identité, face à une réalité sociale en face de lui, sans chercher à se référer à des données générales, morales ou politiques. Il surmonte l'angoisse surgie du fait d'exister, avec la perspective de la mort. Il envisage toutes les possibilités d'être, pour bâtir son projet et le réaliser. Face aux événements qui l'ébranlent et qui le mettent en demeure de réagir et de résoudre la crise. Au prix parfois d'une transformation de soi, dans la continuité de son choix. Car il se conçoit dans le temps, comme un être en devenir.

Comment exister

Se connaître, pour agir sur soi, telle est la démarche de Montaigne, ne pas se laisser emporter par les événements de notre vie, mais les contrôler. En bref, savoir mener notre vie, en cohérence avec nous-même. Nous accepter, tel que nous sommes, avec nos difficultés physiques, psychologiques. Accepter ce qui nous touche directement, en bien ou en mal. Affronter nos problèmes personnels. Lutter contre nous-même, d'une manière incessante. Savoir doser nos actions, savoir ce que nous voulons et ce que nous pouvons faire, et éviter les extrêmes (tempérance et intempérance). S'appliquer à supporter la douleur et à ne pas se griser d'une heureuse fortune. Mettre de l'ordre dans notre conduite. Vivre selon son rythme personnel, intérieur, dans les moments où l'on n'est pas contraint, par les obligations sociales ou professionnelles, d'obéir aux impératifs du temps.

S'adapter aux circonstances, aux faits. Avec la volonté de se dégager de contraintes accumulées au fil du temps, pour s'adapter à la situation présente et trouver la réponse appropriée. Se contrôler, au prix d'un combat contre soi-même. En respectant les choix que nous avons opérés parmi les valeurs.

Toute notre vie est marquée par des crises plus ou moins profondes. Nous devons les affronter, non les dissimuler à nos propres yeux, ou les enfouir dans notre inconscient. Connaître nos erreurs, pour les corriger. Ne pas rejeter sur l'extérieur les conséquences de nos actes. Considérer que nous en sommes responsables.

La sérénité intérieure est éphémère. Nous ne sommes en repos, sans crainte et sans doute, qu'après avoir surmonté une crise, avant d'en affronter une autre. Mais nous pouvons goûter le calme d'un moment, en se sentant en accord avec nous-même. Avant de connaître de nouvelles tensions au sein de soi, et de reprendre le combat.

Nous ne connaissons le monde extérieur qu'en fonction de l'intention que nous avons de le connaître, de la construction de ce que nous percevons. Nous avons une vision subjective de la réalité extérieure. Nous nous approprions ce qui correspond à notre être, ce qui lui assure une permanence. Aussi est-il difficile de s'ouvrir au monde multidimensionnel.

Il faut vivre et se voir vivre, opérer une rupture avec ce qu'on vit au quotidien. Se voir à distance, comme au théâtre, pour découvrir la vérité sur soi. Transfigurer le réel, pour le voir, sous divers angles, avec d'autres rythmes. Il est réfracté, car apparaissent les mécanismes de harcèlement dans la vie, avec ce qu'elle comporte d'absurde et de dérisoire.

Je ne cherche pas la vérité dans les théories. Je cherche en moi-même comment comprendre ce qui m'arrive et à donner un sens à ma vie. Une démarche personnelle, pour ordonner ce que je vis et l'éclairer. Une façon de se libérer des contraintes du moment, pour ouvrir d'autres perspectives.

Ma personne

Comment est-ce que je me sens être, par rapport à ce que je vis, avec mon histoire passée, telle que je la ressens, et avec mes projets, influencés par mon milieu ? Je recherche une unité au sein de moi-même, une cohérence des événements vécus et appris. Un sens à mon histoire.

Retour conscient sur soi, à partir de ce qu'on vit avec les autres, de ce qu'on éprouve par l'expérience de la vie. Avec déchirement parfois, quand on constate une erreur fondamentale de jugement ou qu'on se découvre étranger à des situations vécues.

Je ne peux pas me contenter de me justifier, de me donner bonne conscience, en me réfugiant derrière des motifs d'action bienfaisante et de préceptes de devoir. Il faut chercher la vérité, en analysant nos propres représentations pour parvenir à saisir ce qui nous gouverne au fond de nous-même, afin de nous comprendre et de nous contrôler.

Chercher l'origine de nos comportements, par rapport à notre développement personnel. Prendre des distances envers soi, s'assumer, se réapproprier, pour être.

Cela demande une prise de conscience, un retour sur notre vie, pour analyser notre histoire personnelle et sociale, avec les contraintes que nous avons subies et surmontées, sans toujours pouvoir s'en libérer. Se remémorer le passé, pour élucider ce qui a pesé sur nous, ce qui nous aide à bâtir l'avenir, en tenant compte de notre marge de liberté d'action.

Je me suis construit au contact des autres, en les prenant pour modèles, ou au contraire, en les rejetant. Je me suis rattaché à certains groupes. Je me suis identifié à certains de ses membres, en me reconnaissant ou en m'en différenciant, en prenant mes distances. Mon histoire personnelle est liée à des appartenances sociales au fur et à mesure des années. Au cours de mes expériences, j'adhère ou je rejette les valeurs du groupe. Plus on appartient à un groupe de haut statut, plus on se perçoit une individualité singulière, pour forger une identité personnelle.

Je suis moi-même, avec mes idées, mes sentiments, mes modes de vie, ancrés dans le passé, devenus permanents, qui coordonnent ma conduite et me mobilisent pour mon action à venir.

J'ai opté pour un système de croyances, pour une idéologie. Des convictions qui forment un socle de références auxquelles je me tiens pour agir. Par démarche logique, rationnelle. Celle du militant ou de l'homme de foi. Certain de moi-même, convaincu d'avoir la maîtrise de mes idées, je cherche, d'une façon rationnelle, les moyens par rapport à un but à atteindre, en tenant compte des effets possibles déclenchés par l'action dont je me sens responsable. Ou bien je doute. Je suis toujours à la recherche d'une vérité, tout en ayant un socle de valeurs que je construis au fur et à mesure des expériences vécues.

J'ai une identité corporelle, caractérielle, comportementale, des spécificités qui me sont attribuées par mon entourage, un statut et des rôles sociaux. Je me différencie des autres par des attributs qu'on me reconnaît.

Mais qui suis-je ?

Une lente construction de soi

Jeune, on est à la recherche de soi comme sujet, par la rencontre d'êtres qui paraissent pouvoir révéler quelque chose de soi-même, en s'identifiant à telle personne, ou en la rejetant. Toute rencontre est une épreuve, en ce sens qu'on se remet douloureusement en question. Vivre une expérience nouvelle entraîne une réorganisation de soi. Bouleversement quelquefois, remaniement dans la continuité le plus souvent. Construction de soi par rapport aux autres et aux normes sociales. Recherche de rôles à assumer, soit en conformité aux règles sociales, soit en rébellion.

Adulte, on cherche à maîtriser ce qui vient de l'extérieur affecter le moi. Par la mise en œuvre de protections, de défenses, pour se sécuriser. Refuge, dans un premier temps. Conscience ensuite de la nécessité de progresser, de dépasser cet état pour trouver un nouvel élan. Le **Je** mène son activité critique par rapport à lui, à ses réactions dans une situation où l'autre le place. Recherche personnelle, qu'on cache parfois sous des apparences extérieures d'impassibilité.

Quelle différence ai-je avec les autres ? Avec ceux du groupe auquel j'appartiens ? Quel écart existe entre ce que je pense être et ce que je voudrais être ? Qui suis-je pour autrui ?

Moi, aux yeux des autres

Je suis identifié par des caractéristiques physiques (corporelles, voix, démarche), par mes façons d'être avec les autres, par des qualités et des défauts. On s'attache à voir si j'ai une cohérence dans ma conduite, une permanence, quels que soient les événements qui se produisent dans le temps. Cette stabilité permet des relations interpersonnelles prévisibles, car chacun sait comment je vais réagir. Par contre, si je dévie, par un comportement inattendu (querelleur, alors que je parais chaleureux, aimable), je deviens une personne peu fiable, à la conduite imprévisible. A éviter. On m'attribue un "tempérament" lorsque j'ai des façons de réagir sur le plan émotionnel (colères), ou sur le plan moteur (agitation). Une description de soi qui persiste chez les autres, même lorsqu'on vieillit et qu'on affiche des croyances différentes, lorsqu'on pratique des activités quotidiennes différentes.

Quand on porte un jugement sur une personne, on cherche à savoir quel type de relations on peut avoir avec elle. Si elle fait preuve d'intérêt pour moi, me montre de l'affection, je désire l'avoir pour amie. La perception que j'ai d'elle dépend de ce que j'attends d'elle (trouver un partenaire, quelqu'un avec lequel avoir une relation). Face à des personnes qui veulent dominer, avoir de l'ascendance, je sais avoir affaire à des personnes qui privilégient la réussite sociale, et qui ne verront en moi qu'un éventuel tremplin dans leur démarche : je leur suis utile ou pas. Je les juge dans le système de relations qu'elles établissent dans l'action.

Les événements présents m'apparaissent-ils menaçants, me provoquant des inquiétudes, me faisant douter de mes possibilités d'agir ? Au contraire, m'amènent-ils à maîtriser mes réactions et mes émotions pour contrôler la situation ?

Ai-je une continuité dans ma conduite, lorsque je m'implique dans une tâche, pour la planifier, et dominer mon action ?

Est-ce que je recherche des expériences nouvelles, pour les vivre sans anxiété, avec plaisir ?

Est-ce l'occasion de nouer de nouveaux contacts sociaux, avec entrain et confiance ?

Est-ce que je me replie sur moi, pour éviter des relations aux autres qui s'établiraient sous le signe de l'antagonisme, de l'hostilité ?

Nous avons chacun un mode spécifique de fonctionnement, face aux situations au cours de la vie. Savons-nous nous adapter aux exigences de notre milieu, social, culturel ? En supportant les tensions, en résolvant les conflits qui secouent et qui exigent une rééquilibration pour un contrôle de soi ?

Pour se défendre, couvrir son moi, on se détourne de la représentation d'une situation, d'un objet, en refusant, en fuyant. Processus défensif. Se protéger contre une représentation pénible. Dissimuler soit sa culpabilité, soit son infériorité, parce que la réalité est ambiguë. On ne veut pas l'accepter. Alors on crée une situation différente, agréable, par un mensonge à soi-même et à autrui.

Les situations rencontrées varient au fur et à mesure de l'âge. Savons-nous les différencier pour en identifier les spécificités, afin d'éviter d'appliquer des schémas préétablis, et de trouver des rôles nouveaux ?

Puis-je estimer ma capacité de réussite dans une situation donnée ? Est-ce que je connais mes attributs personnels positifs et négatifs ? Dans quels contextes sociaux se manifestent-ils ?

Plus je connais mes défauts et mes qualités - assisté si possible de quelqu'un auquel j'accorde une totale confiance et qui porte un regard critique sur moi - plus j'ai de chances d'avoir une cohérence dans mes comportements face à autrui, quelles que soient les situations.

Comment j'affronte le temps

Les troubles personnels apparaissent lorsqu'on refuse d'associer passé-présent-avenir. Certains ne vivent que dans le passé et veulent reconquérir leur passé par la mémoire, parfois grâce à leur journal intime. Ils refusent le déroulement du temps, au profit d'une vision subjective, ce qui entraîne un déséquilibre de la personne. D'autres ne veulent vivre qu'au jour le jour. Affronter le futur, grâce au savoir accumulé dans le passé, qui permet de prévoir et de maîtriser les situations rencontrées, s'engager dans une construction dynamique, telle est la manière de dominer le temps, au lieu de le subir. La mémoire permet une cohérence de conduite.

Le souvenir : représentation de notre passé par rapport à des lieux fréquentés, chargés affectivement, des événements heureux vécus avec des personnes aimées. Permanence de faits douloureux, liés à la séparation, la perte d'un être cher. Résurgence d'occasions manquées, de scènes où nous n'avons pas su agir en fonction des circonstances.

Le souvenir est la marque de notre histoire, reconstitution de la suite des moments importants dans notre vie et qui intervient dans notre vécu du présent. Ou bien le souvenir m'invite à la répétition, ou bien il me stimule pour m'inviter à m'en libérer et à chercher une voie nouvelle. Ou bien le souvenir se rappelle à propos du moment présent et accroît le sentiment d'être nul, m'enfonce dans la dépression, ou bien je réfute cette relation, je m'en détache pour affronter dans l'action le réel présent.

Ma personne est ce que je me sens être, par rapport à ce que je vis, avec mon histoire vécue, telle que je la ressens, et avec mes projets, influencés par mon milieu. Par la mémoire on recherche une unité au sein de soi-même, on recherche le sens de son histoire. C'est en fonction de cette structure intérieure, d'une permanence affective qu'on se décide d'agir pour construire son avenir.

L'estime de soi

L'estime de soi est nécessaire pour un bon équilibre mental. Le bien-être psychologique provient du sentiment de contrôler sa vie, ses problèmes quotidiens, de s'accomplir personnellement. Il suppose la quiétude émotionnelle, par la gestion de ses humeurs, de ses stress, par la vision optimiste, positive, des situations vécues. Un bien-être social, par son ouverture aux autres, une vie familiale et sociale (amis, collègues de travail). Un bien-être intérieur, par des satisfactions et des joies. Avec des variations selon les âges et les accidents de la vie. Mais toujours avec la volonté de contrôler sa vie et de s'adapter aux changements. Les déséquilibres se manifestent parfois par des dépressions mélancoliques, le sentiment d'un manque de valeur personnelle. On se réfugie souvent dans une maladie somatique. Parfois, en sens inverse, on sombre dans la paranoïa, croyant être l'objet d'un complot de l'entourage destiné à nuire, entraînant méfiance à l'égard des autres et rigidité de réactions face à eux.

L'estime de soi résulte de la perception de son intégration sociale, liée à la compétence reconnue au sein des divers groupes dans lesquels on est inséré. Du sentiment de compétences positives, dans la comparaison à autrui. De la possibilité d'atteindre les objectifs qu'on s'est fixés.

Je suis en permanence un objet de connaissance pour moi-même, au sein de mon environnement socio-psycho-affectif. Acquérir l'estime de soi par les succès acquis dans l'action, par les jugements positifs des autres, se prouver à soi-même qu'on est valable, telle est la démarche personnelle qui renforce la confiance en soi. Si elle est défaillante, alors c'est une continuelle remise en question de soi.

Le malaise qu'on ressent déclenche un système de défenses. On veut trouver des causes extérieures, rationnelles : surmenage, pressions professionnelles, familiales. Cacher ses difficultés personnelles, sa fragilité.

Je crois que l'autre ne peut pas comprendre ce qui m'attaque, ne peut pas m'aider, et que seule ma force intérieure me permettra de m'en sortir.

Des déviations de l'estime de soi se manifestent lorsqu'on détient le pouvoir, à la suite de la réussite. On est persuadé que le succès vient de sa propre personne, d'une valeur exceptionnelle. On manifeste du mépris à l'égard de ceux qui n'ont pas réussi. Parfois cela va vers une surestimation délirante de soi, la croyance d'être investi d'une mission, en bref, la mégalomanie.

Quels rapports ai-je avec moi-même

Quels rapports ai-je avec ce que j'ai vécu dans l'enfance, dans l'univers familial et social qui m'entourait (rapports avec mes parents, avec la fratrie) ? Quelle signification ai-je donnée aux objets qui m'entouraient, aux faits quotidiens ?

J'ai agi en fonction des règles de mon milieu. L'ai-je remis en cause et pris mes distances, au fur et à mesure des expériences vécues, et comment ?

C'est par l'action, la réflexion sur l'action que nous menons, la conscience que nous en avons, que nous établissons notre relation au monde. Cette relation est construite, en fonction de l'orientation de nos perceptions, des intentions que nous avons d'agir. Je me suis déjà situé, engagé dans le monde physique et social. J'en ai des représentations. C'est pourquoi il est difficile d'atteindre l'objectivité parce que je suis attaché à mes convictions. Je ne retiens que ce qui correspond à moi, à mon expérience.

Cela peut occasionner une maladie, la mélancolie : celle de la certitude de ce qui doit obligatoirement arriver et de l'impossibilité d'intentions et d'actions pour contrer cette fatalité.

Mon environnement et moi

J'entretiens un rapport étroit avec les objets qui se trouvent dans ma maison. C'est ma relation à mon être intime et mon monde environnant. Des souvenirs relatifs à des moments vécus avec des êtres aimés, des moments d'émotion par rapport à l'acquisition de ces objets (achats, dons). Tout me renvoie à moi, à ce que je suis, dans la permanence de mon être.

Chaque espace de ma maison, de mon appartement, est lié à mon activité dans la journée et me renvoie à moi-même. Dans la stabilité de mon univers, avec ses flux rythmiques de tension et de soulagement, j'ai mon équilibre.

Mais un changement brutal risque de compromettre cet équilibre. Un déménagement. Si on reste dans l'attachement à des lieux qu'on a quittés, on ne se retrouve plus dans de nouveaux locaux. Les mêmes objets, à une place différente, n'ont plus la même signification. On s'accroche à l'ordre des choses du passé. Prisonnier des attaches antérieures, on éprouve des difficultés à établir des relations stables avec son environnement, au point de chercher dans un nouveau déménagement le remède à ses troubles.

Chacun de nous ressent soit un besoin de permanence soit un besoin de changement. Permanence du monde dans lequel on vit, rassurant, parce qu'on éprouve des attachements, qu'on prévoit ses gestes, dans un milieu où les bruits, les odeurs sont familiers. Certes on désire parfois s'en évader quelque peu, par un voyage. Parfois par une relation extraconjugale. Une évasion qui permet de confirmer le plaisir de vivre dans un univers connu. Seuls les dépressifs se sentent forcés d'exister dans une uniformité monotone, alors qu'ils voudraient s'en libérer.

Besoin de changement. Désir de repartir sur d'autres bases. Dans l'activité professionnelle. Dans la relation conjugale. Dans la rupture. Avec l'espoir de conquérir son indépendance et d'établir de nouvelles formes de vie.

Certaines personnes se trouvent écartelées entre le besoin de permanence et le besoin de changement. Opposition qui risque de provoquer non seulement des conflits avec l'entourage, mais aussi des conflits internes, par l'incapacité de choisir entre différentes options de vie.

Me connaître

S'analyser, pour se sentir vivre. Trouver la paix dans le présent, sans hantise du passé et crainte de l'avenir, car l'angoisse vient du flux continuel d'événements qu'on n'arrive pas à saisir, à maîtriser.

Nous pouvons, à la suite d'un grave conflit avec nos proches, ou avec notre entourage professionnel, sombrer dans le dramatique, avec des péripéties imprévues, graves, qui bouleversent notre vision de la vie et lui confèrent son caractère tragique.

S'analyser n'est pas se complaire dans la souffrance physique ou morale, qui engendre la plainte. Les gens qui se disent malheureux ne cherchent pas à savoir pourquoi, et ils continuent de gémir.

Savoir-être en tête à tête avec soi-même. La découverte de soi passe par la découverte de ce qui nous entoure. Reconnaître les obstacles pour orienter notre action et notre énergie. Avoir conscience qu'on perçoit la réalité d'une façon subjective, parce qu'elle dépend de nos intentions d'avoir prise sur elle. Accéder à la vérité sur soi-même, avoir un regard objectif. Ne pas être dupe du personnage d'apparence que nous endossons dans la vie sociale. Nous jouons des rôles, avec des masques.

Se dédoubler, pour s'analyser. Etre conscient de ce qui se passe en soi, même si certains aspects restent obscurs, inexplicables. Ce sont ceux-là qui provoquent l'angoisse, parce qu'ils échappent à l'investigation raisonnée, méthodique. La conscience refuse l'inconscient et nous ignorons parfois la source de nos tourments, ancrés dans notre histoire, remontant à notre enfance. Des événements nous sont apparus intolérables dans le passé. Nous avons voulu les annuler, les refouler, mais ils demeurent des forces qui réapparaissent à l'occasion d'une situation actuelle.

Nous ressentons le besoin de nous analyser quand nous vivons un événement important dans notre vie, qui retentit tellement en nous que nous voulons en trouver la signification. Parfois nous éprouvons un malaise, nous cherchons à en sortir. Nous avons connu une émotion. Quelles en sont les causes ? Dans quelles circonstances s'est-elle produite (les personnes présentes, les enchaînements de faits) ? Quelles manifestations (peur, colère) ? Quelles conséquences a-t-elle entraînées, en soi-même, et sur autrui ? Quelles traces laisse-t-elle, qui reviennent harceler de la même façon ? Quels sont les points communs entre cette émotion et d'autres vécues antérieurement ? Pour désamorcer, il faut démonter les ressorts qui sont à la base.

Nous sommes la proie de multiples sollicitations de notre environnement social. Elles nous conduisent dans des voies différentes, contradictoires. Notre comportement devient perturbé, parce qu'il n'est pas orienté. Des conflits internes surviennent, provoquent un blocage, entraînent une régression. Un choix s'impose, car il ne faut pas s'enfermer dans un univers intérieur perturbé, pathologique. On ne peut éviter le conflit. Il est source de progrès, à condition d'opter, d'exclure et de trouver une solution. Sinon on tombe dans la répétition de conflits non résolus, engendrant la névrose, parce qu'en fuyant la réalité de la confrontation, on ne se sent pas libre de ses actes.

Etre lucide. Mentir à soi-même, c'est dissimuler sa culpabilité, en profitant de l'ambiguïté de la réalité, qu'on peut interpréter de plusieurs façons, sans qu'on ait clairement conscience de se tromper. On n'accepte pas la réalité telle qu'elle est. On s'en construit une représentation qui rassure.

Ne pas tricher, en cherchant des alibis, en rejetant la faute sur autrui. Ne pas fuir devant des situations qui nous dérangent, en nous dérobant. Ne pas se leurrer par une victoire éphémère.

Reconnaître et tirer parti de ses erreurs. Accepter l'erreur est une démarche difficile, car nous résistons en fonction de nos croyances, de nos verrous intellectuels. Rectifier sa conduite après la rencontre d'obstacles. On se construit progressivement, en mettant en question ce qu'on croit, par un mouvement dynamique qui provoque un remaniement de la pensée. On avait des convictions, liées à des représentations sociales, à des modes de raisonnement. On les revoit. Tâche intellectuelle, certes, par rapport à la connaissance, mais aussi affective, parce qu'on est amené à reconsidérer le champ de ses intérêts, à se détacher de ce qu'on avait valorisé. Reconstruire sur d'autres bases, en s'ouvrant aux autres systèmes conceptuels, et en recherchant de nouvelles formes de pensée et de relations, pour vivre dans notre univers social.

Ce n'est pas la raison qui nous gouverne, construisant notre vision du monde. C'est l'affectivité qui guide notre existence et reflète le monde selon un mode personnel.

La recherche d'une cohérence de soi, par une activité interne qui veut préserver son être, pour organiser, construire, se forger une identité, conduit à éliminer ce qui nous en détourne ou qui altère l'image. Un oubli volontaire, un rejet de ce qu'on a fait, un mensonge pour diminuer sa responsabilité. Il n'y a pas que le vécu actuel, il y a le passé qui trouble notre perception du réel. L'invisible est présent et agit sur nous. Ma conscience subit les pressions de l'inconscient.

Le manque de lucidité peut conduire à la dissolution de l'ensemble des désirs, notamment celui de vivre. Mais on peut être aussi victime de la lucidité au point de se haïr au sein de son propre univers tragique.

Savoir analyser l'oubli

Dans le présent la faculté d'oubli permet de se concentrer, en écartant tout ce qui vient perturber la focalisation sur un objet ou sur une tâche. Elle va de la simple mise en sommeil de maux physiques (démangeaisons, embarras gastriques) à la mise à l'écart de préoccupations actuelles (attente d'un événement, soucis pécuniaires).

C'est se libérer provisoirement de sujets permanents d'angoisse, présents ou passés, pour accéder à du nouveau. Le retour incessant d'idées obsédantes bloque tout progrès dans la vie personnelle. Nulle sérénité, nulle espérance n'est possible.

Elle est un acte volontaire de séparation avec sa mémoire, pour atteindre un but. Une mobilisation intellectuelle pour en trouver les moyens. Elle marque une étape dans la volonté de n'être pas prisonnier de son passé et de disposer de son avenir.

Même si elle est centrée sur soi, intervenant à un moment donné, elle ne néglige pas les relations à autrui et reste ouverte sur le monde extérieur. Par contre, une autre forme d'oubli volontaire consiste à ignorer des faits qui concernent les autres et à se réfugier dans son propre univers.

Dans le déroulement d'une vie, l'oubli d'épisodes difficiles, portant atteinte à son moi, revêt des formes conscientes et inconscientes. Mouvement conscient, plus ou moins lucide, pour écarter ce qui nous gêne ou nous répugne, pour ignorer des faits qui concernent les autres et s'en préserver. Nous sommes troublés et nous dissimulons notre trouble. Nous mettons à distance le souvenir de moments vécus péniblement. A tel point que nous censurons ce que nous vivons, sans en être totalement conscients. Nous refusons ce qui dérègle notre vision de nous-même.

Pour contrôler cet enchaînement il faut d'abord analyser pourquoi nous sommes affectés par telle situation, tel événement, telle réaction d'autrui à notre égard. Sortir de la subjectivité, pour objectiver. Se voir de l'extérieur, pour éviter le repli sur soi. Démonter les mécanismes qui déclenchent la fuite devant le risque de perdre. Chercher la signification de cette fuite dans notre vie. Se reprendre, se ressaisir, pour s'affranchir.

Le refoulement dans l'inconscient est l'ultime forme d'oubli. Mais qui laisse des traces indélébiles et qui active le psychisme pour déclencher des phénomènes névrotiques. Le sens des symptômes qui nous affectent nous échappe.

Orienter sa vie

Savoir, au contact d'une œuvre, de la lecture d'un roman, d'un essai, découvrir chez l'autre, l'écrivain, l'artiste, comment est née sa pensée, comment elle s'exprime dans la découverte d'une forme, en surmontant les obstacles de la création.

Cette recherche de la démarche d'autrui nous amène à un retour sur nous-même, à une recherche intérieure, intime. En remontant aux sources. Comment surgissent nos pensées, comment, par un jeu de forces, elles se coordonnent ou se heurtent, comment naît un conflit personnel. Comment nous en prenons conscience, pour le résoudre. En bref, comment s'organise notre vie. Et quel sens nous lui donnons.

Se connaître soi-même, prendre conscience de soi, dans le déroulement de sa vie, balloté par des courants parfois contraires, dans ses rapports avec le monde environnant, c'est affirmer son **Je**, la racine de son être. Etre qui se situe, qui renonce, qui renaît. Pour vivre un nouveau temps. En toute liberté. Par opposition à certaines personnes qui s'en détournent et s'enferment. Prisonniers de leur personnage marqué par le passé.

Ma vie, au jour le jour

Notre vie est un parcours, avec ou sans projet. Le parcours, par les expériences vécues dans le temps, nous amène à nous interroger sur nous-même, de l'intérieur, et à tenter de nous voir de l'extérieur. Que devenons-nous, où allons-nous ? Nous changeons, nous devenons autres, à la recherche de notre identité.

Vivre le temps. Le fleuve coule et nous le voyons de la berge. Il entraîne notre vie. Sommes-nous un acteur, ou un objet flottant qui dérive ? Dominons-nous le temps ? Tantôt nous sommes accaparés par des occupations qui se succèdent. Nous ne voyons pas le temps passer. Tantôt il nous apparaît pesant, interminable. Selon l'intensité des expériences vécues, selon notre état émotionnel du moment, le temps nous semble court ou démesuré. Parfois nous maîtrisons mal les rythmes de vie. Savons-nous contrôler, au fil des années, notre conscience du temps vécu, pour tracer une perspective du futur ? Des changements se produisent au cours de notre vie, des successions d'idées, de sentiments, dans la continuité de notre être. Quelle conscience en avons-nous ? Conscience des différences entre ce que j'éprouve actuellement et ce que j'ai éprouvé. Pour saisir si je m'adapte au changement, pour trouver la signification de ce que je vis.

Nous avons combattu, nous nous sommes insurgés contre des êtres qui nous sont apparus détestables. Puis nous avons constaté que notre révolte était discutable, inutile, parce que nous avions une vision idéologique du monde. Et nous avons décidé de partir sur des bases rationnelles et non émotives. Est-ce une rupture avec nous-même, un renoncement, pour une recherche de soi dans une autre perspective de développement ?

Tout s'écoule. Que reste-t-il de ce que nous venons de vivre, à part des moments dramatiques, des accidents de santé ? Les événements émotionnels jalonnent le parcours. Nous situons tel événement familial par rapport à un autre, ou en rapport avec des événements extérieurs, liés à l'histoire en France et dans le monde. C'est notre activité, dans notre milieu social, qui jalonne notre temps. Contraintes, tensions dans la vie urbaine de la semaine, pause, détente le week-end et en vacances.

Etre accaparé par la fonction qu'on exerce, être obligé d'agir rapidement, de mener plusieurs activités en même temps, de combattre pour être performant, c'est se condamner à sacrifier sa vie familiale et à entrer sans cesse en conflit avec les autres. A vouloir être toujours dans l'action, on délaisse la partie intérieure de soi-même. Pas de recul pour être en face de soi-même.

Ne pas se laisser engourdir par le flux du temps répétitif des choses ; faire apparaître ce qui est nouveau dans l'objet présent. Avoir un regard neuf, libéré de souvenirs, des images que nous conservons, observer un temps d'arrêt pour déclencher le mouvement d'analyse qui nous permet de trouver un sens à ce que nous vivons dans le moment présent.

Parfois le temps nous pèse, nous oppresse. Il stagne. Plus rien à l'extérieur ne retient notre attention. Nous ne désirons plus rien. Nous nous demandons pourquoi nous vivons, parce que tout se répète. Un temps sans devenir. Nous nous sentons nous enliser lentement, inexorablement, sans vouloir lutter. L'ennui, une détresse morale.

Lorsque nous ressentons l'ennui, interrogeons-nous sur la manière que nous avons de voir les choses autour de nous, sur notre rapport au monde environnant. Nous nous sentons bloqués, frappés par la pesanteur du temps. Sans avoir envie de vivre et d'échanger avec les autres.

En réalité nous sommes insatisfaits de nous-même. Sans points de repère. Nous sommes en détresse.

Cherchons-nous à analyser les causes de notre état ? A connaître pourquoi nous abandonnons nos projets de vie ? Il faut un sursaut de lucidité envers soi-même. On opte plus facilement pour des causes extérieures à soi-même.

Nous recherchons le coupable de notre état : le conjoint qui ne nous intéresse plus, parce que nous avons fait le tour de sa personnalité, que nous n'avons plus à découvrir. Plus rien à se dire. Des relations mornes. On ne voit de perspectives de sortir que par le divorce, la découverte d'un autre être pour se régénérer.

Dans la vie quotidienne, au travail, je rencontre des situations répétitives, dans les tâches, dans les rapports avec les collègues. Je subis, ne pouvant pas rompre avec une situation professionnelle qui me procure les revenus dont j'ai besoin pour vivre.

Est-ce que je m'interroge sur les racines de l'ennui au fond de moi-même ? Pourquoi et comment suis-je passé de l'amour pour ma femme, de l'enthousiasme pour mon travail, à une triste existence ? Ai-je vécu dans l'illusion, suivie d'une profonde déception ? N'ai-je pas été égaré au départ, par des investissements psychologiques trop importants, impossibles à mener à terme ? C'est en regardant les choses en face qu'on peut se reprendre en mains. On s'est égaré. Il faut trouver un nouveau chemin. C'est par l'extérieur qu'on peut se renouveler. Par de nouveaux contacts avec les autres. Parfois chaque membre du couple, allant faire des activités en dehors, trouve personnellement une source d'intérêt, d'implication qui lui fait reconsidérer la vie en couple. Chacun échangeant ses expériences et trouvant un regard neuf.

Rester en éveil, savoir changer

Les habitudes sont des manières d'être permanentes, incorporées à soi, qui se manifestent lorsqu'on assimile une situation présente à des situations anciennes. Avec des risques de ne pas identifier ce qui est nouveau dans la situation présente. En répétant, selon un mode défini, uniforme, des schémas de réponse. C'est un refus du changement, d'un renouvellement. On ne voit plus ce qui est nouveau dans la situation vécue.

Certes l'habitude peut être utile, sur le plan professionnel, lorsque les situations rencontrées sont identiques. Mais elle peut aveugler, empêcher la prise de conscience du nouveau dans la situation, et pousser à la passivité. Etre victime de ses habitudes, opter pour la routine, c'est refuser d'évoluer, de se transformer.

Une rupture avec la routine de notre vie quotidienne nous aide à nous questionner sur ce que nous sommes. C'est le cas lorsque nous partons pour une randonnée de plusieurs jours en groupe. Nous côtoyons des personnalités différentes, qui adoptent certains rôles selon les difficultés rencontrées. Elles nous obligent à réagir, nous mettant face à nous-même. Nous sommes quelquefois surpris de nous trouver "autre", changé dans notre manière d'être.

Les enfants, par la naïveté de leur découverte du monde environnant, provoquent aussi en nous une interrogation sur notre façon de le percevoir, et sur l'origine de nos émotions.

Connaître la relativité de sa vision sociale, déterminée par le métier et la fonction qu'on exerce. Evoluer sur le plan professionnel, en prenant d'autres fonctions; ne pas sombrer dans la routine, avec de la flexibilité pour éviter l'épuisement (le "burn out"). Affronter des situations nouvelles, qui obligent à une action mentale adaptée (engagement dans des associations, dans des clubs sportifs).

Dans la vie conjugale, pour un accord dans le couple et une stabilité, chacun doit garder son aire de liberté, et trouver des moments et des lieux où rompre avec la routine quotidienne. Parfois l'absence permet un retour lucide sur soi dans le couple et favorise la création de nouvelles bases de vie.

En outre, quotidiennement, sait-on échanger, par la parole, pour comprendre les émotions, les difficultés personnelles du conjoint ? Nous avons une vie à deux, que nous partageons, celle de notre travail professionnel, de notre intendance domestique, de nos préoccupations quotidiennes. A contrôler ensemble. Mais il existe une vie intérieure sous-jacente, qui relie les événements présents à notre passé personnel, celui de notre enfance et de notre jeunesse. Elle échappe à l'autre et pourtant elle nous gouverne d'une manière souterraine. Peut-on la dévoiler ? Elle est souvent obscure, même pour nous. C'est, non par la parole, mais par des actes qu'on peut s'en libérer. Actes simples qui prouvent notre volonté de vivre en accord avec le conjoint : partage de tâches, mise en œuvre de projets communs.

Savoir aménager un rythme de vie, en maîtrisant les moments difficiles, où des décisions sont à prendre dans l'urgence, analyser les problèmes qui se posent à nous, en considérant toutes les données, sans en omettre (celles qui nous gênent au fond de nous-même), sans tricher (en ne considérant que nos intérêts personnels), en contrôlant notre stress.

S'engager, après des choix, décider d'agir librement en fonction de la connaissance qu'on a des conditions du milieu et de ses possibilités personnelles. Etre responsable des conséquences de ses actes, accepter le risque, supporter l'angoisse de l'incertain, de ce qui ne dépend pas de nous (événements historiques, cours de la vie), et surmonter l'inquiétude de l'action.

Faire un retour sur soi, méditer sur sa vie, prendre conscience de ce que nous vivons, des événements qui forgent notre expérience afin d'en dégager la signification. En bref, avoir un art de vivre. Vivre, c'est garder le besoin de renaître à chaque instant.

Maîtriser sa vie

Dans les événements de la vie quotidienne, voir ce qui dépend de moi, ce qui est contrôlable par moi, et ce sur quoi je n'ai pas de prise. Ce qui dépend de moi, ce sont mes opinions, ma volonté d'agir en fonction de certaines valeurs et de mes objectifs. Je peux contrôler mes désirs, les soumettre à la raison. Mais je me détache de ce qui ne dépend pas de moi, de ce qui m'arrive de l'extérieur, fortuitement, en bien ou en mal. Inutile de se morfondre à cause des actions d'autrui qui me font mal, que je ne peux éviter, mais qu'il m'est impossible de contrôler. Je ressens de la souffrance. Je les supporte sans me plaindre.

Par contre, si je peux avoir quelque influence sur le comportement d'autrui, pour l'inviter à constater les effets de ses actes, je dois intervenir.

La crainte de l'échec. Si les échecs se succèdent, on n'a plus envie de rebondir. Plus d'estime de soi, plus envie de contacts sociaux, plus envie de découvrir l'environnement, plus d'ambition professionnelle et même conjugale. On se résigne, dans le fatalisme.

Or l'échec peut être stimulant : trouver la force d'aller dans une voie nouvelle afin de surmonter un état dépressif, s'engager pleinement dans la réalisation d'un nouveau projet. Pas d'une façon aveugle. En analysant la situation, en identifiant les forces qui s'exercent sur nous, en repérant celles sur lesquelles nous n'avons aucune prise, et celles sur lesquelles nous pouvons nous appuyer pour progresser. En voyant ce que nous sommes capables de faire et ce que nous avons envie de faire.

La sagesse n'est pas d'accepter passivement ce qui est, mais de contrôler ce qui peut être dans un cadre reconnu. Ce n'est pas se démobiliser, c'est s'investir dans le possible, pour un parcours identifié dans l'avenir. Se connaître dans les épreuves afin d'arriver à la maîtrise de soi dans ses rapports avec le monde environnant.

Savoir savourer sa vie

Vivre dans le passé, s'y réfugier, c'est refuser de se construire un avenir. C'est même parfois se bercer d'illusions (à cette époque tout était possible, mais tout s'est figé) et renoncer à percevoir le présent. Nous créons alors un monde conforme à nos vœux, coupé du réel. Nous revenons à nos émotions premières. Nos désirs, liés à celles-ci, s'y alimentent. Nous n'existons que par le passé.

Dans la vie actuelle on se sent submergé par des flux de contraintes, des successions de conflits. Où se situe l'espace privilégié qui permet d'apprécier son existence ? Il faut évacuer les remous profonds, ceux qui proviennent des heurts dans notre passé, ceux qui surgissent de notre vie sociale présente. Les tenir à l'écart un certain temps. Les faire taire. Se concentrer sur soi, par rapport au monde naturel extérieur. Se sentir en phase avec la montagne, la mer, ou simplement la campagne environnante. A bord de mon bateau, au gré du vent dans la voile, je me sens vivre au rythme des flots, intimement relié à la mer par des frémissements internes.

Savoir savourer sa vie, au moment où nous la vivons, dans l'action, au-delà de ce que nous a coûté sa mise en œuvre (le but d'une activité, les moyens), en goûtant le plaisir de vivre intensément.

Vivre les moments présents. Avec une attention pour les choses qui nous entourent (un chemin dans la forêt, un rivage de mer) afin d'être en paix avec nous-même et nous sentir en harmonie avec le monde environnant. Avoir un regard neuf, avec surprise, ravissement, émerveillement. Savoir s'étonner. Sortir de soi. N'être plus en train de se voir et de se complaire dans son rapport à soi.

Dans la nature, certains paysages suscitent en nous un état de stabilité et de plénitude intérieure dans un moment immobilisé. Sentiment de vivre, en étant préservé temporairement de la hantise du passé et de la crainte de l'avenir. Pour notre vie intérieure on peut constater l'importance du paysage, en particulier de l'eau, le calme d'un lac (fascination) du flux d'une rivière (mouvement régulier, avec un bruit continu, rythmique, au charme incantatoire). Un moyen de combattre notre instabilité perpétuelle.

En se concentrant sur un objet (un paysage, une fleur), on découvre l'existence de ce qui nous entoure, on en saisit la présence dans notre vie intérieure. Au lieu de subir le monde environnant, on le découvre, par l'existence des choses. Elan de l'esprit vers l'extérieur pour alimenter sa vie spirituelle et se sentir vivre.

Les échanges avec mon entourage

Nous nous formons au contact des autres et de la rencontre avec eux des choses de la vie. **Je** - en tant que sujet - n'existe que par la relation à autrui. Ma pensée s'élabore à son contact. L'autre nous renvoie une image de nous et nous oblige à rechercher la signification du rôle que nous devons assumer dans une situation donnée. Le rapport à l'autre passe par un rapport à soi. Je me situe dans une ressemblance et la différence à l'autre, dans le présent, le passé.

L'influence sociale s'exerce sur nous, dans le langage (mots à la mode transmis par les médias "en fait", "et puis voilà"), sur notre façon d'être dans la vie courante (démarche corporelle), de nous vêtir, de nous comporter dans certaines situations.

Nous nous sentons proches d'autrui dans la perception de la réalité sociale, en adoptant ses critères d'appréciation. Nous les acceptons (voire nous imitons) afin d'apparaître socialisé et d'éviter les conflits. Parfois nous nous trompons nous-même, en pensant que c'est un choix personnel, délibéré.

Je me construis par l'expérience sociale. J'ai des contraintes liées au milieu social et professionnel que je fréquente. Mais je cherche à être conscient de leur poids sur mon comportement dans certaines situations et à prendre du recul pour trouver mon espace de liberté. Pour réduire l'espace entre ce que je suis et ce que je veux être. Pour établir mon autonomie face au pouvoir de l'autre qui exerce un jeu de séduction et de domination.

Je construis mon identité dans la relation à l'autre. Avec des épisodes de tensions, de conflits, de rivalités, qui m'obligent à rechercher ce qui me manque par rapport au milieu qui m'entoure, pour remanier mon moi.

Le risque est d'être prisonnier de mon image narcissique, en ne voyant dans l'autre que celui qui m'emprisonne ou qui prend ma place. L'autre devient le rival, l'ennemi. En bref, je ne veux pas le reconnaître et je lui refuse d'être sujet en relation avec moi. Or l'autre me permet de saisir ce que je ne suis pas.

Prendre de la distance entre ce que je fais dans une situation et ce que je pense être. Mesurer l'écart pour en chercher les causes. J'agis selon ma fonction sociale, la tâche qui m'est confiée. Je crois avoir la maîtrise de moi dans la situation. Mais, au fond de moi, quels en sont les retentissements ? Comment connaître et rééquilibrer les forces qui s'exercent sur moi ? Comment, à la suite de cette prise de conscience, transformer ma relation à l'autre et au monde ?

Dans une société de concurrence, on veut s'imposer pour réussir. Ne pas céder à la faiblesse qui conduit à la soumission. On pense que ses idées sont les seules valables et on manifeste une intolérance à l'égard de croyances et d'opinions qu'on ne partage pas. Pour une compétition qui permet d'avoir du pouvoir.

Or il s'agit d'établir le contact avec l'autre, de comprendre ses soucis, ses ennuis, d'accepter sa fragilité.

Trouver le mot qui apaise, le sourire qui réconforte. Une vraie coopération où chacun va trouver son bénéfice.

Parfois on connaît la véritable amitié. Dans l'amour, il y a fusion. Dans l'amitié, alors que la relation est forte, par une communication des esprits, on garde une certaine distance, qui nous permet de saisir l'autre dans sa singularité. Equilibre entre proximité et distance. Equilibre entre rencontre intellectuelle et liens affectifs.

Les échanges sociaux.
*Comment suis-je avec les autr*es ?

Il existe des règles de civilité, règles tacites, conventions partagées sur ce qui, dans la vie quotidienne, se fait ou ne se fait pas, ce qui est convenable. Les enfreindre conduit à des sanctions sociales négatives.

Peut-on s'en dispenser ? Peut-on prendre le risque d'être exclu ? Car ces règles sont intériorisées par le groupe auquel on appartient. Certaines personnes les appliquent dans des situations familiales, professionnelles, amicales, mais peuvent s'en détacher dès qu'elles sont dans des situations urbaines non contrôlées (transports en commun, stades). Elles justifient leur incivilité par le caractère exceptionnel des situations, par la fatigue, le stress.

Il s'agit d'un code commun de conduite dans la vie en société. Suivant le statut qu'on a par rapport à l'autre (plus âgé, subordonné, copain), le moment de la journée, le lieu (lieu public, restaurant), la situation (la foule), selon qu'on est en famille, qu'on rencontre des voisins, qu'on travaille avec des collègues, on s'implique différemment.

Art de vivre en respectant l'autre, son identité, sa culture, ses idées, en sachant l'écouter, en parlant en fonction de celui qui écoute. En considérant l'espace privé de l'autre, sans chercher à le forcer, sans se mettre en avant, sans imposer ses propres préoccupations. Avec une certaine élégance.

Même dans les relations amicales, librement choisies, il existe des règles implicites : écoute bienveillante, choix de ne pas accabler l'ami par ses problèmes personnels et de se centrer sur ses besoins, ses soucis. Savoir contrôler sa vivacité de réactions quand quelque chose déplaît, ne pas rivaliser d'agressivité face à l'agressivité de l'autre. Garder son calme, être ferme, ne pas céder, mais sans blesser.

Les échanges sociaux dans les lieux de résidence sont du domaine de la politesse, de l'amabilité parfois. Mais dans les grandes agglomérations il est difficile d'avoir des liens sociaux stables, à part des contacts avec un cercle restreint d'amis et des relations qui dépendent de l'appartenance à des associations.

Quelle connaissance ai-je de l'autre ?

Dans ma rencontre avec une personne, je perçois des signes dans son visage, sourire, regard, et j'en cherche la signification par rapport à moi. J'observe ses gestes, ses actions et je lui attribue des intentions. Ainsi commence une communication non verbale qui me rapproche ou m'éloigne d'elle. Les paroles viendront ensuite confirmer et infirmer la première impression. De là naît une interaction qui débouchera peut-être sur une relation entre deux sujets. Chacun se situant dans la coexistence, ne voyant chez l'autre qu'une partie de son être.

Je peux partager ses émotions, ressentir des sentiments en écho, reproduire en moi la situation qu'il connaît, lui témoigner ma sympathie. Mais je reste un observateur qui considère les causes apparentes de son émotion, approuve ou désapprouve. En réalité, j'ignore les fondements de son comportement.

Je connais certains traits de caractère d'une personne à sa façon de réagir face à une situation. Mais quelqu'un d'autre peut juger différemment ce comportement, parce qu'il considère d'une autre manière les variables de la situation.

Si cette personne a un comportement cohérent, durable, je lui attribue un type de personnalité. Je sais comment et pourquoi se déclenche son action, parce que je connais quel sens elle donne à la situation sociale affrontée.

Mais que sais-je de ses croyances, de ses aspirations ? De son univers intérieur ? Elle agit en fonction de ce qu'elle croit, de ses espoirs dirigés vers un but, dans un contexte donné. Je ne connais que son comportement manifeste. Et dans quel environnement social se situe-t-elle ? Selon les circonstances et la situation, cette personne peut réagir autrement.

En outre, quelle connaissance ai-je de l'histoire de cette personne ? Au fur et à mesure de ce qu'il advient dans sa vie, cette personne a évolué. Quels buts cherche-t-elle à atteindre ? Pourquoi et comment s'engage-t-elle dans une direction donnée ? Comment évalue-t-elle son comportement face aux événements rencontrés dans des circonstances données ? Change-t-elle en fonction de cette évaluation ?

Nous portons souvent sur autrui des jugements figés. Par exemple, il est fréquent de constater que nous persévérons dans l'image que nous avons eue de celui qui a fréquenté le même lycée, la même grande école que nous. Or l'expérience qu'il a acquise, au fur et à mesure des années, de son engagement dans la vie professionnelle, des situations qu'il a vécues, l'a changé. Il se révèle capable d'assumer des responsabilités, de faire preuve de discernement dans les décisions à prendre. Nous voulons l'ignorer, pour conserver notre jugement initial.

Apprendre à douter de soi, afin de pouvoir observer l'autre. Eviter de ne retenir d'une personne qu'une caractéristique particulière : un visage, une allure, un trait de caractère. Reconsidérer les opinions que nous avons sur ceux qui nous entourent.

Tout concourt à éviter un jugement définitif porté sur une personne. Certes, si elle fait preuve de façon permanente de comportements agressifs, quelle que soit la situation, je peux catégoriser sa personnalité. En revanche, si je ne vois pas cette personne dans diverses situations, je ne peux pas lui attribuer un profil de personnalité.

Souvent on porte un jugement sur une personne en fonction de ce qu'on peut faire ou doit faire dans les rapports avec elle. Tout dépend du registre auquel on se situe. Registre affectif : on souhaite être ami avec elle. Registre des compétences et de la réussite sociale : on cherche à s'allier avec elle pour réussir une opération personnelle, parce qu'on connaît sa valeur et qu'on sollicite son aide.

Notre relation aux autres dans le travail

Nous avons des collègues avec lesquels nous partageons de solides liens de solidarité. Ils nous permettent de nous sentir à l'aise à l'atelier ou au bureau. Mais nous éprouvons parfois des difficultés à supporter les critiques de supérieurs ou de collègues à propos de notre travail. La critique peut être limitée à une remarque. Cependant nous retendons à tout ce que nous faisons, à ce que nous sommes. Nous avons le sentiment d'être atteint dans notre personne, dévalorisée dans notre estime de soi, parce que nous avons investi dans la réussite sociale et professionnelle et que nous voulons être reconnus à ce titre. Nous revivons des scènes antérieures où nous avons ressenti de l'humiliation et des blessures personnelles.

Il est nécessaire d'analyser la situation et les mécanismes psychologiques déclenchés.

S'interroger sur l'origine de la critique. Est-elle fondée ou vient-elle de l'impatience de l'interlocuteur, de ses réactions impulsives et maladroites ? L'aurions-nous acceptée sous une autre forme ? Pourquoi celle-ci nous a-t-elle atteint ? Pouvons-nous dialoguer avec l'auteur de la critique, pour lui faire remarquer qu'il aurait pu la formuler d'une façon moins blessante ? Quelle formulation aurions-nous adoptée si nous avions eu à critiquer, sur le même plan, une personne partenaire ?

S'interroger sur les expériences passées où nous nous sommes senti humilié dans l'enfance, l'adolescence (famille, école), afin de démonter les mécanismes qui nous affectent. Est-ce possible de voir cette critique d'une façon positive ? Un conseil, une invitation à changer ?

Cette situation de relations aux autres dans le travail se rencontre dans d'autres situations, de vie sportive, associative. Dans la situation familiale les critiques sont plus douloureusement ressenties, et elles suscitent rapidement des conflits en chaîne, car elles mettent en scène des partenaires (conjoint, parents, enfants) avec lesquels nous avons tout un passé de relations qui ravive les tensions.

Le désir

Le désir se situe dans l'imaginaire et le futur, l'avenir. Il ne se satisfait pas du réel, du présent. Il entraîne l'inquiétude, dans une incessante recherche. Il renaît sans cesse, suscite de nouveaux désirs, parce qu'il n'est jamais apaisé.

Par contre, quand nous ne désirons plus, c'est le signe qu'on ne croit plus en l'avenir. Le temps est alors figé, il ne peut plus rien nous apporter. Le désir est un facteur stimulant, le moteur existentiel. Chercher à le supprimer, parce qu'il est lié à des instincts, des pulsions, c'est appauvrir sa vie. Par contre, il s'agit de le contrôler dès le départ, pour éviter d'être submergé.

La grande tâche est de maîtriser ses désirs, de voir ce que la réalisation de son désir occasionnerait de peine, par rapport au profit retiré. On peut désirer la richesse (à quel degré, parce qu'il est illimité), voire la gloire, mais à quel prix ?

Le danger de céder au désir

Désir, besoin, avoir le pouvoir de les assouvir. Espérance d'être satisfait en accumulant les objets. Dans notre société de consommation, les besoins sont multipliés. On a le sentiment d'un manque, on passe d'un besoin à un autre. On veut avoir toujours plus, dans l'espoir de donner un lustre à sa vie.

On désire posséder des objets qui permettent d'être repéré socialement et d'acquérir un statut social (une voiture de luxe, une montre Rolex). La publicité cherche à stimuler artificiellement des besoins et fait régner le quantitatif. La présence harcelante de la technologie, T.V., internet, détruit le contact direct avec le réel, le naturel. Les relations entre humains se font sur un mode virtuel. La fonction de la publicité ? Nous convertir à un code adopté sur le plan collectif, nous en rendre prisonnier, parce que nous sommes jugés selon que nous l'adoptons ou le rejetons. Les objets, marques de standing, sont des signes de reconnaissance dans les relations sociales. On s'investit dans le domaine matériel et on adopte un système de référence simplifié. On veut s'inscrire dans une hiérarchie, pour y être remarqué. Etre distingué, par ce qui est valorisé au regard des autres.

Sommes-nous libres de nos désirs ? Nous appartiennent-ils, à partir du moment où ils nous sont dictés de l'extérieur ? Ai-je ma singularité ? Suis-je tombé dans de fausses dépendances, suis-je un étranger à moi-même, en voulant ressembler aux autres, tout en dissimulant le fait de les imiter ? Puis-je maîtriser mes désirs ? Nous convoitons un objet. Mais un autre le possède. Celui-ci devient un rival, parce qu'il a su posséder l'objet de notre envie avant nous. Obsédant, parce qu'il est à l'origine de notre jalousie.

Il est nécessaire de déterminer ses vrais besoins, de les limiter, rejeter ceux qui surgissent sous l'influence des autres, par comparaison : avoir une voiture aussi puissante que celle d'un collègue, équiper sa maison selon de nouvelles techniques, comme le voisin, non pour davantage de confort, mais pour rivaliser, changer d'ordinateur, à chaque progrès technique, pour accroître la performance. On veut alors acquérir un statut social comparable à des personnes que nous envions, pour donner une image de soi estimable et enviable.

En bref, ne pas se laisser entraîner dans une course effrénée, sans fin, dans une compétition, une bourse aux enchères, où chacun fait monter les prix. Analyser les influences qui s'exercent sur nous. Ne pas céder aux propositions publicitaires, alléchantes (je peux avoir une Audi, une BMW, pour moins de 400 € par mois). Nous ne sommes plus libres de nos décisions, quand nous subissons la loi des normes extérieures.

Satisfaire le désir

Le plaisir naît de la satisfaction d'un besoin assouvi ou d'une attente réalisée. Le rechercher est signe de vitalité. A condition de contrôler les moyens mis en œuvre, de respecter les règles sociales, en bref, de vivre avec la conscience des effets de ses actes. Il se partage avec les autres. Plaisir de la table, avec d'autres convives. Plaisir d'être en communion avec des amis, lors d'un concert. Un épanouissement de soi à un moment donné, dans des circonstances socialement marquées.

La jouissance est solitaire. Elle ne s'exprime pas. On la ressent brusquement, à titre individuel, liée à un fantasme. Elle ne se partage pas.

Le plaisir esthétique est personnel. Une rencontre entre ce qu'on attendait en soi et ce qu'on lit, qu'on voit.. On fait acte de création pour soi, en recomposant intérieurement l'œuvre selon son univers intérieur. Un bateau à voiles nous apparaît beau, quand les voiles gonflées par le vent, nous invite à l'évasion parce qu'il est lié à l'immensité de la mer, à son infini. C'est une rencontre entre l'aspiration à l'évasion et l'objet-support du désir d'évasion dans notre vie.

Le désir sexuel

Désirer une femme. Est-ce pour elle-même, pour sa qualité personnelle, ou n'est-elle qu'un objet de désir, remplaçable, point d'ancrage d'un fantasme qui offre la perspective de jouissance ?

Le désir de jouissance érotique peut engendrer son objet, sous une forme réelle, rêvée, voire fantasmatique. Je projette mon désir sur une femme que je connais, ou sur une actrice de cinéma. Je la mets en scène selon le scénario que je conçois en fonction de ce que j'attends d'elle.

Le désir peut être obsédant, à partir du moment où je le cultive pour jouir souvent, pour avoir des sensations fortes et répétées. Mais il s'épuise, faute de mesure dans le temps, d'un rythme scandé par une pause et une reprise délibérée. Et j'espère qu'un nouveau partenaire va réveiller mon désir endolori.

Chez un couple qui souhaite se sauvegarder, le désir revêt de nouvelles formes au fur et à mesure des années. On prend des habitudes. Si on compare les formes affaiblies du désir d'aujourd'hui au flamboiement du début de la liaison, on veut rompre afin de retrouver une nouvelle excitation avec quelqu'un d'autre. Mais si on accepte le constat pour chercher à deux à le dépasser, on tente de renouveler les relations, avec une part d'incertitude, car on veut redécouvrir l'autre et se sentir choisi. Avec parfois la crainte de perdre la partie.

L'amour et le couple

La sexualité réussie ne débouche pas nécessairement sur l'amour qui se construit sur d'autres bases. On est à la recherche d'une valeur incarnée par un être avec lequel vivre dans le futur. On croit en la possibilité de l'existence à deux, en se transformant conjointement, en s'oubliant au profit de l'autre.

Aimer, c'est tenter, par une demande, d'obtenir une réponse du sujet en face de moi. C'est s'exposer au risque de refus. Je peux persévérer à aimer, en sachant que l'autre ne n'aime pas, et vivre dans la douleur.

L'amour partagé est la rencontre de deux personnes, qui gardent chacune son identité, avec sa part d'obscurité, qui renoncent à se regarder en miroir narcissique pour élaborer un **nous**, par une perpétuelle découverte de l'autre, en respectant ce qu'il est, en acceptant sa différence. On se découvre soi-même, en découvrant l'autre. On cherche à établir la liaison entre les deux. Chacun se voit en l'autre, dans une intime relation. Volonté de construire, avec la conviction de pouvoir réussir, en franchissant les obstacles, en prenant des risques, dans une dimension temporelle.

Le risque est d'en demander trop à l'autre. Pour répondre à nos désirs, pour combler une faille.

En bref, pour satisfaire nos besoins personnels. Parce qu'on ne voit l'autre que pour conforter son moi.

La passion

Flambée. La passion vient de la rencontre d'un objet présent et d'un objet passé. Tout ce que la personne voit est rapporté à ses souvenirs. L'objet présent est embelli et procure les émotions les plus vives, joie ou désespoir. C'est pourquoi elle a l'impression de n'être pas comprise. Les personnes extérieures jugent l'objet de la passion. Elle seule a la révélation de la beauté réelle de l'objet. Aveuglée.

L'être pour lequel on éprouve une passion semble déterminé par son destin personnel. Le coup de foudre révèle l'être qu'on attendait, qui correspond à une image construite dans le temps, au fur et à mesure de rencontres satisfaisantes ou décevantes. Mirage à la vue de l'autre. Idéalisation immédiate. Quand une attente est forte, pour combler un manque, quelque chose doit se produire.

La passion cesse quand on s'aperçoit brusquement que l'objet ne correspond plus à l'image figée qu'on en avait, qui ne devait pas changer. Un obstacle.

L'absolu s'écroule, l'illusion s'efface. Révolte violente contre celui ou celle qui a désacralisé l'image. Le passionné est en réalité centré sur lui-même, non sur l'objet de sa passion. Il recherche une certitude absolue pour s'équilibrer lui-même, pour sentir une force en lui.

L'objet de la passion reste complaisant au début, flatté d'être considéré comme unique, puis dubitatif, quand il voit le poids à porter. Excédé, quand il découvre les exigences possessives et l'égoïsme de celui qui ne pense qu'à lui.

L'amour jaloux vient du désir de posséder, de s'approprier l'autre exclusivement. Mais comme l'autre garde sa part personnelle, intérieure, de pensée et d'action, le jaloux se sent frustré et il revendique son droit de savoir, d'une façon agressive. L'objet lui échappe, parce qu'il rencontre un sujet qui veut tenir sa place. Paradoxalement, il voudrait que ce soit un sujet libre qui l'aime, alors qu'il contrôle sa liberté. Cela, par amour-propre de "propriétaire".

Chez les couples formés à la suite de séparations, après une période où on veut effacer le passé, naît en chacun l'interrogation au sujet du passé affectif de l'autre et la crainte d'une comparaison avec le vécu présent. On surprend chez le partenaire la résurgence d'un souvenir heureux. Alors on pose des questions pour en savoir plus, pour se situer dans sa vie. Avec l'inquiétude du futur de la vie du couple. On croyait posséder l'autre et celui-ci nous échappe, à cause de son passé.

Si chacun se replie sur ses interrogations, l'un, avec un fond de jalousie, l'autre, dans le regret de moments du passé, nul avenir n'est possible. Le couple ne peut se sauver qu'en clarifiant les causes du malaise. Ce qui suppose accepter le passé de chacun, à condition que chacun ne mette pas en valeur ses expériences vécues. Et fixer les limites de contrainte liées à la résurgence du passé, occasionnée par la présence d'enfants nés du couple précédent.

Au stade de la fusion, chacun a la certitude de vivre et de trouver son identité grâce à l'autre. Stade où on idéalise l'autre en fonction de l'image qu'on se fait du partenaire attendu. On refuse les critiques de l'entourage, taxées de calomnies, de jalousies. On se soumet à l'être aimé, à tous ses fantasmes.

Survient la phase où on constate de multiples faits de la vie quotidienne qui détruisent l'image rêvée, désincarnée. Il me déplaît en mangeant de façon gloutonne, en toussant bruyamment après avoir fait l'amour. Passage où on doute, parce qu'on ne ressent plus le désir de l'autre, où la vie à deux est désarticulée. La représentation qu'on avait de l'autre se modifie. L'image de soi vécue dans le couple se modifie. Tout ce qui fondait la relation s'effondre. Impression de tout perdre, de vivre des moments qui n'ont plus de sens.

Si la volonté de construction du couple demeure chez les deux partenaires, ceux-ci doivent affronter lucidement les situations vécues, avec l'intention de dépasser ses problèmes, de surmonter les difficultés et de reconstruire le "nous".

Les débuts de la vie quotidienne en couple se font dans le partage des tâches, dans le plaisir de réaliser à deux un plat cuisiné, de sortir ensemble pour voir un spectacle ou rencontrer des amis. Avec entrain.

Puis tout cela apparaît contraintes, fixées dans la répétition. Chacun se sent vivre selon des rythmes différents, loin de l'harmonie du début. La routine, le train-train quotidien. Qui amène à s'éloigner de l'autre, dont on se sent dépendant. Avec des retours dans le passé, dans la vie familiale, dans la vie avec des amis. Des comparaisons avec d'autres couples.

L'ennui. Même lorsque nous cherchons à rompre avec le quotidien, en allant au restaurant. Nous n'avons plus rien à nous dire. Nous regardons notre assiette. Nous mangeons et attendons l'autre plat. Le temps s'écoule lourdement.

Est-ce irréversible ? Tout dépend de l'effort que chaque membre du couple fait pour y remédier. Par un dialogue. Les rituels existent dans le quotidien. Ils sont des marques de sécurité. Mais des espaces de liberté sont à explorer à deux. S'enthousiasmer pour un projet commun. Soutenir son conjoint dans son parcours professionnel. S'investir dans la réussite scolaire des enfants. Expériences qui permettent de nourrir le duo. Comme en musique, trouver les harmoniques qui permettent de se rejoindre.

Evoluer ensemble. Ne pas rester sur un regard ancien porté sur l'autre, mais le voir tel qu'il est, à ce moment, découvrir la part d'inconnu qu'il recèle. Chercher à le reconquérir, car il nous échappe d'une certaine manière.

En effet, grande est la tentation de s'évader par une voie extraconjugale. De ne trouver d'excitation qu'en dehors de la routine de la vie du couple, tout en cherchant un refuge dans la vie familiale. Car l'infidélité, sans fixation affective, provoque un sentiment de culpabilité qui suscite le besoin de se rapprocher de celui ou celle qu'on sait aimer. La vie professionnelle du couple, dans des espaces séparés, en milieu urbain, favorise ce type d'évasion. Effacée le soir ou le week-end.

Le couple existe dans la durée, quand il dépasse le stade de la fusion du début pour accepter les différences entre les deux. Non comme sources de conflit, mais d'échange pour une construction de vie. C'est une option. Car nombreux sont les couples qui ont des positions tranchées lorsqu'ils se rendent compte qu'ils s'éloignent l'un de l'autre.

Actuellement, quand un amour flanche, devant l'insatisfaction, l'absence de désir, après avoir épuisé les recettes du plaisir, on a le "réflexe" du consommateur qui rejette un produit, parce qu'il est déçu. Quittons-nous. Pour espérer une nouvelle flambée de passion. Parce qu'on croit qu'on peut consommer l'amour et s'y adonner sans frein. Est valorisée la croyance que tout peut changer dans un quotidien monotone, fait de routines, par une rencontre qui provoque des émotions fortes, et qui permettra une nouvelle vie. Puis, après des débuts exaltants, arrive la déception. On change encore de partenaire avec de nouvelles attentes. Toujours inassouvies.

Hors de la solution facile et trompeuse de la séparation existe une option volontaire. Accepter la part de liberté de l'autre, dans ses relations, ses sentiments, c'est partir sur des bases d'avancée, de mouvement pour évoluer ensemble. Le contraire du repli dans un monde fermé du couple qui croit se protéger par l'isolement.

Dans tout couple il existe des moments de crise extrême. Chacun se raidit, se ferme à l'autre. Puis la colère éclate, avec des invectives, des menaces. Tout se fissure. Si chacun estime être dans la vérité, rabaisse l'autre, campe sur ses positions, point de salut. Mais si, après le flux émotionnel intense, chacun se voit en face, après avoir exprimé ce qu'il a sur le cœur et voit le désarroi de l'autre, alors peut commencer une nouvelle façon de vivre ensemble. Un regard, une caresse pour s'ouvrir de nouveau à l'autre. L'obstacle est franchi.

Quelques croquis annexes

Celui qui aime l'amour, non la personne. Il a les mêmes gestes, les mêmes mots, les mêmes regards, quelle que soit la femme. Celle-ci est l'objet de son désir de posséder, de dominer. Il joue au don juan pour trouver le remède à ses problèmes profonds.

Certains hommes cherchent la même femme, à travers plusieurs femmes. Ils se séparent d'une pour trouver la même image. La même histoire recommence.

Des hommes, vers la cinquantaine, veulent rompre avec la monotonie du couple marié, et rêvent de vivre des amours exaltantes avec une jeune femme. Dans l'espoir de trouver de nouvelles ressources en soi pour se régénérer.

Le bonheur

Croire que le bonheur dépend de la richesse, de la possession de biens, ou d'une promotion sociale, professionnelle, est une illusion partagée par beaucoup de gens. Qui sont dans l'attente angoissée de la chance.

Voyez combien d'artistes, au faîte de leur gloire, comblés par la réussite, la richesse, tout ce qui, par l'abondance matérielle, semble aux yeux des gens qui les envient, conduire au bonheur, sortent de leur enfer en se suicidant. En pleine crise personnelle, sans désir, sans joie de vivre. Face au désarroi, ils n'ont plus de défenses, plus de possibilités de se réconcilier avec soi.

"L'argent ne fait pas le bonheur, mais y contribue". Cette maxime s'appuie sur le bon sens populaire. Si nos conditions de vie matérielle, sur le plan financier, sont équilibrées, nous pouvons nous consacrer à notre épanouissement personnel. Ceux qui croulent sous les dettes ont leur existence rongée par la recherche d'une stabilité matérielle et morale. Enchaînés par les contraintes du présent, ils n'ont plus la liberté d'envisager l'avenir.

Plus notre vie, personnelle et sociale, est chargée, plus nous nous exposons à des tourments. Par l'obsession de réussir, plus nous risquons d'affronter des conflits.

Plus notre vie sentimentale est bousculée par les passions qui se succèdent, plus nous nous enfonçons dans l'angoisse.

Or un état psychologique perturbé ne permet pas de répondre aux exigences de la sérénité qui mène au bonheur.

En réunissant certaines conditions de vie physique et psychologique, nous pouvons accéder au sentiment d'être heureux.

S'approprier son corps, savoir sentir, goûter. Libérer son énergie vitale par l'exercice et le rire, qui nous délivrent de l'angoisse de vivre et nous procurent la joie de l'instant vécu. Savoir maîtriser ses désirs, en ne voulant posséder que ce qu'il convient de posséder. Avoir un environnement matériel et social stable, qui invite à la sérénité et procure un sentiment de bien-être. Construire un socle culturel qui procure un refuge. Qui ne connaît pas, par exemple, les bienfaits de la musique ?

Eviter de fréquenter trop souvent les personnes anxieuses, déprimées, qui prévoient sans cesse un futur désastreux et qui ne cherchent pas à sortir de leur état.

Ne pas être sous la tutelle des autres, de leurs désirs, de leurs ordres.

Réunir les conditions favorables ne suffit pas. La paix intérieure se gagne par la volonté de contrôler ce que nous vivons, expériences et émotions. Nous interprétons, de façon positive ou négative, les faits vécus. Si nous choisissons le côté négatif, nous sombrons dans une vision pessimiste de la vie. Si nous recherchons à en trouver la signification pour orienter notre existence, nous sommes sur la voie d'une réconciliation avec nous-même.

Il faut savoir affronter la souffrance, surmonter les épreuves douloureuses, comme la perte d'un être cher, vaincre son anxiété, accepter ce qui advient. Car le bonheur ne se réduit pas à l'absence de troubles, de douleurs. Certes ne pas souffrir est nécessaire pour libérer l'esprit. Mais la vie est faite d'une succession d'épisodes engendrant des états contrastés, ressentis soit douloureusement, soit bénéfiquement. Plaisir et peine coexistent dans le vécu quotidien. A certains moments, l'un prend le pas sur l'autre sous de multiples formes. Parfois un plaisir, pour compenser l'excès de douleur, et engendrer un équilibre. Pour susciter un sentiment de sécurité.

Connaître le bonheur, c'est être parvenu à l'état auquel on aspirait, en fonction de son mode de vie. Pas une rencontre par hasard. La résultante d'une recherche patiemment menée. Peut-être limitée dans la durée, mais accomplie à un moment donné.

D'abord un choix parmi les plaisirs convoités, car certains peuvent nous occasionner des désagréments, voire des douleurs. Un tri parmi les moyens d'atteindre le plaisir désiré, de le satisfaire d'une manière stable. Un accord de nos désirs avec la réalité. Donc une maîtrise de soi, une action conçue en fonction de ses valeurs personnelles et du sens qu'on donne à sa vie.

Je peux connaître des moments de joie, après avoir réalisé une tâche difficile, seul ou avec des compagnons, après avoir surmonté des obstacles, dans un mouvement ascendant. Dans l'instant d'une arrivée. Intensément. Je peux éprouver du plaisir à pratiquer un sport, à sortir avec des amis, à assister à un bon spectacle, à vivre de bons moments en mer.

Mais le sentiment de plénitude ne peut être atteint que lorsqu'on déroule sa vie dans la sérénité, en la contrôlant pour réaliser un accord profond avec soi-même, par une unité conquise, et dans un accord avec les autres.

Sans doute faut-il apprendre à être heureux. A combattre les mouvements dépressifs, quand on a connu un échec. A s'engager dans une activité où on sait réussir et où on retrouvera la confiance en soi. A ne pas céder à la tentation d'abandonner une partie qu'on pense perdue, parce que la chance ne nous sourit pas. A éviter le mécanisme d'anticipation du futur, sous un jour pessimiste. A cultiver notre force intérieure. A faire l'effort de s'ouvrir aux autres, pour ne pas rester replié sur soi, la solitude aidant le ressassement d'idées noires. A savourer les moments où on se sent bien.

Le bonheur n'est pas un état permanent. Il est sans cesse à conquérir. Les moments de bonheur sont parfois limités, mais si intenses qu'ils paraissent s'inscrire dans l'éternité.

Les déséquilibres permanents

L'émotion survient brutalement : peur devant une menace, colère dans une situation imprévue. Elle est brève, mais intense, avec des signes extérieurs (tremblements, crispations, pâleur) d'une secousse physiologique. L'expression "être hors de soi" désigne bien la rupture qui survient entre le choc subi et la conscience qu'on a des causes. Le moi ne se contrôle plus.

Lorsque les émotions se répètent, par exemple lorsque les colères se succèdent, et que la personne est incapable de les maîtriser, son comportement envers l'entourage devient pathologique et difficilement supportable.

L'anxiété entraîne un sentiment d'insécurité, provoque une crainte permanente de ce qui pourrait arriver. On éprouve dans le moment présent ce qu'on ressentirait si l'événement arrivait, si la situation se présentait. L'anxieux la trouve toujours présente, à chaque épisode de sa vie, et il cherche un point d'appui qui la justifie. Il s'observe sans cesse, à la recherche d'un dysfonctionnement, avec la crainte de maladies cardiaques ou cancéreuses. Certains attendent le malheur, en le guettant.

Elle cause l'insomnie d'endormissement (par l'invasion de soucis journaliers, l'appréhension du lendemain, les obsessions), avec la crainte de la mort dans le sommeil.

L'angoisse. Alors que la peur est relative à une situation déterminée, liée à un risque, l'angoisse échappe à la localisation de la peur. Elle surgit sans objet précis. Je me sens menacé dans mon existence et démuni de moyens pour affronter certains épisodes de la vie. Je suis vulnérable, affecté profondément par mon existence dans un monde qui n'a plus de sens pour moi et qui m'apparaît étranger.

Elle provient d'un blocage dû au passé, avec l'impossibilité de surmonter l'échec, la souffrance.

La souffrance morale s'installe quand on ne croit plus à la possibilité d'échapper aux tensions incessantes de la vie quotidienne, aux pesanteurs liées aux contraintes extérieures. On s'auto-détruit en pensant que le futur n'apportera aucun plaisir, que tout se répète, que les situations déplaisantes s'enchaînent, sans répit, sans possibilité de détente.

Ce sont des états qui peuvent entraîner la dépression, la douleur morale permanente. On ressent une absence de liberté intérieure. Tout apparaît inévitable, conditionné. Les ennemis sont dans son sein, prêts à dévorer. Comment réagir ?

Lorsqu'on a identifié les situations qui sont à la source d'anxiété, on peut d'abord éviter de les rencontrer. Mais quand elles sont inévitables et qu'elles surviennent, il est nécessaire de contrôler dès le départ ses émotions douloureuses, en empêchant, par exemple, que telle émotion en évoque d'autres, semblables, vécues antérieurement.

Il s'agit de ne pas s'enfermer dans un système anticipateur de la souffrance et du malheur à venir, dans un univers de craintes et d'anxiété, ni dans celui qui ne tient compte que des événements pénibles du passé. On risque de se complaire dans son univers douloureux, de ne pas vouloir s'en extraire. On justifie sa vie, son comportement par la crainte de ce qui peut arriver à tout instant. On s'attribue une lucidité que les autres n'ont pas. Parfois on exploite cette anxiété auprès de son entourage, pour le convaincre de la nécessité de prendre des mesures à propos des événements à venir (nécessité d'une assistance pour soi ou un proche, décès). Nulle possibilité alors de considérer le moment présent dans sa singularité, de humer un parfum exceptionnel au cours de la journée, de profiter d'une éclaircie dans un ciel chargé.

Pour y échapper, recenser les éléments positifs dans sa vie, ceux qui contrebalancent les éléments négatifs ou qui les atténuent. On subit ce qui nous arrive dans la vie, on se résigne ou on se révolte. Rares sont les moments où on peut se glorifier de réussites professionnelles ou sentimentales. Se libérer par l'action, en ayant le désir d'atteindre un but, y mettre son énergie.

Les personnes en difficulté psychologique peuvent voir leur trouble disparaître quand elles trouvent une activité qu'elles peuvent faire, selon un mode de vie approprié, qu'elles peuvent aimer.

A côté de ces difficultés psychologiques existent les difficultés physiques.

Il faut bien les cerner. Définir le mal, son origine, grâce à des examens médicaux. Analyser son comportement face au mal (agitation, mouvements involontaires, réactions imprévues). Cette connaissance de soi permet de se contrôler, de savoir ce qu'il faut éviter ou favoriser, de supporter les douleurs, les crises, en trouvant des forces pour dominer son corps et son esprit.

Tâche difficile d'accepter sa condition et d'éviter d'importuner son entourage par des plaintes répétées. De ne pas céder au pessimisme systématique et de trouver le goût de vivre.

Le stress

Le trac, pour un acteur qui va entrer en scène, provient de l'attente fébrile d'être un autre pour incarner un personnage. Chez un conférencier, c'est la crainte de décevoir face à un public aux attentes imprévisibles. Peur d'une défaillance.

Le trac est souvent stimulant, car il permet de mobiliser des forces en soi-même. Il est transitoire, alors que le stress s'installe.

On parle beaucoup du stress provoqué par les conditions et le rythme de notre vie actuelle. Un problème de société.

Dans le travail, l'environnement physique (espace de travail) et social (relations) a des effets sur le comportement de la personne. Les relations professionnelles avec un public exigeant entraînent des situations conflictuelles, accompagnées d'une grande charge émotionnelle.

Pour des questions de rentabilité de l'entreprise, l'encadrement fait pression sur les employés afin qu'ils atteignent les objectifs fixés, et exerce un contrôle incessant, avec évaluation immédiate. L'employé est alors obsédé par la performance à accomplir suivant un rythme effréné, il se sent harcelé de toutes parts.

Les conditions de fonctionnement dans le travail, avec de fortes exigences, les difficultés de relation avec les autres dans une tâche, amènent l'employé à s'inquiéter au sujet de ses possibilités personnelles.

Le stress provient d'un déséquilibre entre la perception qu'une personne a des contraintes que lui impose son environnement et la perception qu'elle a de ses propres ressources pour y faire face.

Devant ces astreintes physiques et mentales, la charge émotionnelle peut devenir insupportable. Certes chacun peut tenter de contrôler les sources d'anxiété, en prenant du recul, en relativisant les remarques désobligeantes de ses supérieurs, lorsqu'elles n'ont pas de conséquences directes sur l'emploi, et en faisant sa propre évaluation de son activité. Mais il faut reconnaître que l'organisation du travail au sein d'une entreprise porte la responsabilité des dégâts causés par une charge trop élevée. Beaucoup de dirigeants ignorent que le niveau de performance augmenterait s'ils favorisaient chez les membres de leur personnel un état de bien-être psychologique, qui conduit à accepter plus de risques dans des situations délicates et à réagir plus rapidement pour prendre des décisions.

Nous avons une relation intime avec le monde qui nous environne, en particulier avec le lieu que nous habitons. Chaque espace, cuisine, salle de bains, pièce de vie, est marqué par des habitudes rythmées dans le temps. Par une présence. Dans la sérénité.

Pour la personne dépressive, ces lieux familiers deviennent chargés de contraintes et insupportables. Elle veut s'en libérer. Ou bien elle ne peut le faire et se sent prisonnière, condamnée à subir une vie monotone, fixée à tout jamais. Ou bien elle rompt violemment ses attaches et opte pour le changement. Mais celui-ci est éphémère. Car le même cycle se reproduit et engendre une instabilité profonde. Dans l'errance.

Chaque être humain connaît une tension intérieure, due à la contradiction entre la nécessité d'une permanence, liée au passé, avec la crainte d'une perturbation, et le besoin de renouvellement. La recherche d'une évolution sans heurt, sans brusques transformations, est le signe d'un équilibre psychologique. Par contre, quand on reste prisonnier du jeu des deux pulsions opposées, sans trouver d'issue, par manque d'ouverture du présent vers l'avenir, on tombe dans le pathologique.

Pathologique profond quand le sujet ne se voit pas d'avenir, quand il a cessé de croire à ce qui lui est possible de faire. En bref, quand il a renoncé à se considérer comme un être en devenir, qui veut s'ouvrir au monde qui l'entoure.

Certaines de ces personnes disent que les événements qu'elles ont vécus les ont terrassées et qu'elles n'ont plus la force d'en affronter d'autres. Tout dépend en effet de la manière que nous avons eue d'affronter les crises, véritables ruptures dans notre existence. Remise en question de notre personne. Mise en demeure de changer, de nous transformer. Sinon nous sommes engloutis, nous cessons d'être et nous nous fermons aux événements futurs. La survie dépend de notre volonté de renaître et de nous affirmer dans le temps.

Destin ou destinée ?

Devant les difficultés psychologiques et physiologiques rencontrées, nous nous interrogeons. Sommes-nous des victimes ? Avons-nous une liberté de vivre ?

Des données sont inscrites dans nos gènes par la structure de l'ADN. Si nous prenons l'option déterministe, notre existence est régie par des lois internes. Mais de multiples facteurs interviennent dans notre existence : le milieu social et affectif dans lequel nous avons grandi, le milieu scolaire et universitaire dans lequel nous avons noué des relations, le milieu professionnel qui modèle notre comportement, l'ambiance familiale où se créent les liens affectifs dans le couple et avec les enfants, les conditions de notre vie quotidienne.

Où se situe donc notre liberté d'être ? C'est dans l'espace social délimité où nous vivons qu'il faut s'engager pour se créer. Par une prise en charge personnelle, active dans nos échanges avec le milieu. En sachant que certains types d'engagements (politiques, humanitaires, religieux) permettent une affirmation de soi, mais entraînent une restriction de liberté.

Quand on pense que la chance et le destin nous gouvernent, on subit, on reçoit les coups. Ils viennent d'ailleurs et pense-t-on, on ne peut les éviter. Certains apparaissent bénéfiques, mais les maléfiques dominent.

C'est nous-même qui traçons notre destinée, par notre capacité à gouverner notre vie, à l'orienter, à maîtriser désirs et passions, à surmonter la tristesse et l'ennui. Avec constance et continuité.

Nous sommes responsables de nos actes, conscients d'une tâche à accomplir, avec les risques d'échec et l'espoir d'une réussite. Notre expérience, dans l'exercice d'une profession, s'acquiert au fur et à mesure des événements heureux ou malheureux, du jugement que nous portons sur ce que nous avons entrepris. Nous progressons si nous avons un regard lucide sur nous-même face aux réalités, aux obstacles rencontrés et si nous décidons de modifier notre façon d'agir. La compétence est le fruit d'une maîtrise du vécu.

Le destin est irrationnel. Il nous frappe par la rencontre imprévue de deux trajectoires. Je conduis ma voiture sur une route nationale. A un carrefour, sans respecter un stop, surgit un automobiliste qui me coupe la route. J'en suis victime. C'est le tragique de l'existence, avec la menace de mort.

Ma destinée est voulue par moi, moi seul. Si je m'abandonne, je ne l'ai plus en mains. Si je reprends les rênes, je la conduis. A la barre de mon voilier, je navigue en fonction du vent et du courant. Et je maintiens mon cap.

Peut-on avoir des certitudes ?

La science nous produit le résultat d'observations, d'expériences, conduites méthodiquement, objectivement, et contrôlées. Ce sont les vérités du moment, provisoires, sans cesse remises en question, pour un progrès de la connaissance. Les théories sont des structures explicatives, compte tenu des connaissances à un moment donné. Elles se renouvellent dès qu'apparaissent de nouvelles données, dès qu'on reconnaît des erreurs dans les précédentes recherches.

Les savoirs se spécialisent. Les recherches sont menées dans des secteurs délimités. Il manque la démarche des savants philosophes du 17e siècle, avec leur souci de coordonner les résultats partiels de chaque science, de les architecturer pour en dégager la signification générale pour l'homme, dans ses rapports avec l'univers et avec lui-même, dans son expérience individuelle de la vie, liée à la mort.

On doit renoncer aux dogmes fondant des certitudes, accepter que s'affrontent des vérités relatives, contradictoires.

Dans notre vie personnelle, nous sommes conduits à nous interroger sur la portée et le sens de découvertes scientifiques, pour examiner comment nos valeurs sont remises en question, dans leur fondement, dans leur hiérarchie, ou confirmées. Orientation ou désorientation. Nous ne cherchons pas la vérité qui serait universellement reconnue. Nous n'en avons pas les moyens scientifiques. Nous cherchons une sagesse, pour un art de vivre.

Au 19e siècle naît la conviction que la science, dans son développement continu, va permettre la maîtrise de la nature et le progrès de l'humanité, que la raison va régler les rapports humains. On mise sur une marche inexorable - quelles que soient les conditions du moment, favorables ou défavorables - vers le progrès. Nouvelle croyance se substituant à la révélation religieuse. Nouveaux dogmes instituant un ordre arbitraire. Elle aveugle face aux périls, si on la tient pour inébranlable.

Face à elle, c'est la clairvoyance qui peut, dans une démarche modeste, donner à la raison la possibilité de vaincre des illusions.

L'idée de progrès de l'humanité s'est imposée grâce aux sciences biologiques, qui nous ont fait découvrir l'évolution des espèces. Nombreux sont alors les philosophes qui ont la foi dans l'avenir. Pourtant l'histoire nous montre que se succèdent des périodes de progrès et de déclin.

Comment ne pas être pessimiste au sujet de la nature de l'homme en général ? Il ne s'est pas amélioré au cours des siècles. Cependant il a énoncé des principes moraux, il s'est réclamé des progrès de la science pour affirmer qu'une société plus juste pouvait naître. La Révolution française a rédigé le livre qui codifie la vie en société (les Droits de l'Homme). Mais, dès 1794, les disciples de la Révolution foulaient aux pieds ces principes fondamentaux et tuaient ceux qu'ils considéraient comme leurs adversaires. Plus proches de nous, les nazis ont massacré les êtres qu'ils haïssaient. La haine entre ethnies, en Afrique, entre peuples ayant des convictions religieuses ou politiques différentes, se manifeste avec cruauté.

Tout est possible chez l'homme, dans le sens du bien ou du mal. Selon les contingences de sa vie, à un moment donné, il peut faire preuve d'une force constructive, ou au contraire, d'une puissance destructrice. Peut-on avoir confiance dans la nature rationnelle de l'homme ? Est-il capable, en toutes circonstances, d'analyser lucidement la situation pour prendre une sage décision ? Est-il capable de maîtriser ses pulsions, de vouloir rester dans une ligne de conduite qu'il s'est fixée ?

Tout est obscur en nous. Nous sommes des êtres fragiles, ballotés par le flot des événements qui nous assaillent chaque jour. Un rien peut nous faire basculer. Ma pensée, ma parole peuvent être brusquement reniées. Je peux revenir à un état primitif, qui débride sa cruauté. Il suffit que les circonstances le permettent. Les S.S., à la fin de la 2e guerre mondiale, ont massacré femmes et enfants, dans des villages français et italiens, par aveuglement, entraînés par un effet de groupe qui les a entretenus dans la conviction de mener une action légitime.

On peut avoir une vision pessimiste du monde des humains, tout en voulant préserver sa vie personnelle et s'offrir une fenêtre sur la vie, sur ce qu'elle peut nous apporter dans le quotidien, dans les rapports avec sa famille, ses amis. On ne se sent pas victime des illusions, mais on cherche à discerner ce qui s'en écarte, même si on sait que tout peut être éphémère.

Il n'existe pas de vérité universelle, établie objectivement, qui rassemblerait les humains à partir de quelques principes moraux reconnus par une majorité de gens de cultures différentes, pour établir un code de relations sociales. Nous sommes à la recherche d'une vérité personnelle, d'un sens à donner à notre vie.

La connaissance est universelle, mais chacun se l'approprie en triant ce qui lui convient, en orientant son action, non selon des théories, mais selon un socle d'idées qu'il a édifié pour lui-même. Des convictions ? Peut-être. Mais pas de certitudes, car tout est remis en question en fonction de la réalité, des conséquences de l'action.

Ainsi se construit au fur et à mesure de la vie une expérience humaine qui trouve, au delà d'un bilan, une aspiration à vivre. Ainsi s'élabore la signification de son existence.

Le vieillissement

Notre vie a été réglée par des rythmes sociaux, notamment par le temps de travail, de repos, auxquels on s'est soumis. Avec des différences de rythmes personnels. Des moments où tout s'accélère, où on progresse. Des moments où tout stagne, voire se dégrade, entraînant le désarroi. Des forces opposées se sont exercées sur nous et nous avons dû les contrôler. Des pressions, sur le plan professionnel, à cause de l'évolution des conditions de travail, sur le plan familial, par les enfants qui grandissent.

A la vieillesse, le temps s'étale. Les séquences temporelles se répètent. Nous sommes seuls, face à nous-même. Au départ à la retraite il est nécessaire de rechercher des occupations, pour avoir des repères réguliers dans le temps, pour se situer dans l'espace social.

Jusqu'à ce moment, nous n'avions conscience du temps qui passe que lorsque nous rencontrions une personne que nous n'avions pas vue depuis longtemps et qui nous apparaissait vieillie. Maintenant nous nous regardons en face.

Nous nous sentons affaiblis physiquement, sexuellement, moins attirant pour les autres, atteint par l'âge. Le vieillissement suscite des réactions diverses : certains veulent rester jeunes (déni), d'autres s'organisent matériellement (ressources pour bien vivre dans l'avenir, pour faire des voyages). Certaines personnes succombent à leur angoisse, se ferment, vivent dans la répétition du quotidien, ne voulant pas s'écarter d'un fonctionnement habituel. D'autres tombent dans la maladie pour attirer l'attention sur eux ou mettent en responsabilité leur entourage familial pour une prise en charge de leurs vieux jours. Les plus armés psychologiquement affrontent la vieillesse en développant de nouvelles relations avec l'extérieur, en assumant des responsabilités au sein d'associations, en s'ouvrant à des pratiques culturelles.

Les difficultés dues au vieillissement sont bien connues. Baisse d'acuité visuelle et auditive. Difficulté de percevoir les phonèmes, par suite de la perte de discrimination auditive. Manque de rapidité pour comprendre les mots et les phrases. Manque de repères des constituants syntaxiques des énoncés pour en extraire la signification. Difficulté de reconnaître les mots-clés (l'information importante), de garder en mémoire ce qui précède pour établir la cohérence et trouver la signification d'un ensemble de phrases. Or la signification d'un mot dépend du contexte et des énoncés antérieurs. Car il faut garder en mémoire ce qui précède pour établir la cohérence et trouver la signification d'un ensemble de phrases pour articuler entre elles les informations-clés, laisser les informations peu pertinentes. La mémoire de travail a le rôle de mettre en relation une information nouvelle avec les informations antérieures.

Les jeunes se centrent rapidement sur l'information qui est au centre de la phrase. Les âgés dispersent leur attention et connaissent une baisse de la vitesse de compréhension, de la rapidité d'un raisonnement.

Eviter de chercher des causes externes à ses difficultés. Ceux qui se plaignent de la déficience de leur mémoire, mémoire dite épisodique, parce qu'elle est liée à des événements récents, à part ceux gravement atteints par la maladie d'Alzheimer, ont souvent des troubles psycho-affectifs (anxiété, dépression). Il s'agit donc de se reprendre en mains.

Certaines habiletés cognitives personnelles (procédures qu'on maîtrise) permettent de compenser des déficiences, lorsqu'on aborde des situations nouvelles. De véritables stratégies de compensation peuvent être mises en œuvre. On possède des niveaux d'expertise dans certains domaines (maîtrise de connaissances, de procédures). A nous de les appliquer et de les adapter au moment présent.

Certes on agit dans la lenteur. Mais la lenteur peut être un bon mode d'adaptation, voire une stratégie. Elle est une faculté d'adaptation, sur le plan physiologique (éviter les réactions brutales) et sur le plan psychologique (ménager le temps de la réflexion). On adapte sa marche à la fois aux diminutions des capacités de l'organisme et aux contraintes de l'environnement (inclinaison du terrain, obstacles). Le sujet âgé se donne plus de temps pour intégrer les informations venant du monde extérieur et en trouver la signification par rapport à son expérience.

Devant l'affaiblissement des performances motrices et cognitives, ne pas céder à la résignation, mais combattre avec les armes personnelles. On ne s'intéresse plus aux processus, on se centre sur les résultats. Garder l'initiative de son action, pour avoir une satisfaction en retour. Orienter ses projets et aspirations en fonction de son état physique et de son développement personnel. Accroître certains registres de performances, savoir-faire dans des domaines particuliers, cultivés depuis sa jeunesse, s'engager dans des activités où on va connaître le succès, avec un sentiment de compétence. On met en œuvre des mécanismes protecteurs : on impute à soi-même la responsabilité d'actes aux conséquences valorisantes, on attribue à des causes externes les effets néfastes, pour échapper à un échec qui entraîne la dépression. L'estime de soi est un fiable prédicateur de la satisfaction à vivre. Quand on compare positivement son état de santé à celle d'autrui, on en retire une satisfaction.

On ne s'élabore plus face à l'autre, on recherche la cohérence de conduite, l'unité en tant que sujet. Tendance à un sentiment plus affirmé de soi et à une rigidité de la représentation de soi. Les informations sur soi sont sélectionnées, orientées, pour protéger son système de croyances, selon l'idée qu'on s'est forgée de soi-même.

On applique des schémas pré-établis, car il est difficile d'intégrer des éléments nouveaux. Mais le moi est moins dépendant de pulsions émotionnelles et recherche une vision plus rationnelle, afin d'assurer la continuité de sa personne. Il est nécessaire d'orienter son activité de façon à préserver l'image de soi, d'adapter ses objectifs et ses critères d'évaluation à l'évolution de ses performances, de préserver le noyau dur de la représentation de soi par des éléments qui donnent lieu à des performances satisfaisantes, en comparaison avec autrui.

Avec la vieillesse, apparaît un renforcement de l'anxiété dont les racines sont dans l'enfance, dans la relation avec les parents, avec la crainte de la séparation, de la solitude, et celle de l'envahissement, de l'étouffement. On craint de ne plus être autonome, d'être délaissé par ses proches, alors qu'on a besoin de chaleur humaine.

On a vu mourir ses parents, les personnes avec lesquelles on a vécu. On se voit diminué, proche de la dépendance, avec le spectre de la maison de retraite. On retrouve alors les moments fondamentaux de son passé. Dans la crainte d'être abandonné, on se raccroche aux amis connus dans la jeunesse, aux anciens élèves de lycée, d'établissements supérieurs fréquentés. Ultimes moyens d'échapper au vide.

En effet les vieux se sentent étrangers au monde contemporain. Les déséquilibres se font sentir lors de la conversation courante, par les difficultés à comprendre ce que disent les jeunes, car ceux-ci parlent sans articuler et ne font pas d'effort pour se faire comprendre. Entre eux existe un code de langage et un vécu culturel commun, auquel la personne âgée se sent exclue. D'où vient un désintérêt des vieux à l'égard de ce qui passionne les jeunes et une profonde différence de culture.

Le fossé est grand. Certains font l'effort de comprendre l'univers des jeunes, mais le dialogue reste difficile, faute de racines communes.

La fin de vie

On a cru que l'amélioration des conditions de vie matérielle apporterait le bien-être de vivre.

Consommer sans limites, se perdre en besoins toujours insatisfaits, penser que notre vitalité en dépend, c'est estimer qu'on restera jeune longtemps, compte tenu des progrès de la médecine. Affirmer qu'on domine sa vie, rejeter la conscience de la mort, c'est nier les réalités de notre existence, vouée à la mort, tôt ou tard. On préfère vivre au jour le jour, en cueillant les plaisirs du moment. Mais on tombe dans le cycle désir assouvi-déception. Quand ces cycles se répètent, on s'enfonce dans la douleur de vivre (maniaco-dépressif).

Nous vivons dans un univers technologique, où le virtuel l'emporte sur le réel, où le symbolique est absent. Dans la consommation, ce n'est pas l'objet en soi qui est visé, symbole par lequel nous établissons une relation avec nous-même et avec les autres, dans une situation vécue (les outils d'un menuisier qui fabrique un meuble sont des objets symboliques). Nous le considérons comme partie d'une série de choses qui deviennent indispensables dans le quotidien, parce que notre entourage les possède.

En réalité, cet écran ne parvient pas à cacher les questions fondamentales que se pose l'homme : le temps qui passe inexorablement, la mort inévitable, pouvant survenir à tout moment. Difficile d'échapper à l'angoisse due au constat de la fragilité de toute chose au cours de la vie, et à la lucide reconnaissance de son imperfection personnelle et de la difficulté à maîtriser son moi.

A l'extrême, c'est la conviction de l'absurdité de la vie, dans son fonctionnement, dans sa finalité, si on ne croit pas en dieu et en l'au-delà. L'enfer sur terre, à cause des autres.

Pourtant, ceux qui vivent intensément leur vie savent que l'échéance de la mort les amène à fouetter leur existence, parce que le temps est compté. Ils valorisent leur vie, par rapport à la mort.

Est-il possible de fuir, d'échapper à la conscience de sa propre fin ? De renier l'absurde de la vie ? En se grisant de divertissements, de succès dans différentes entreprises, on peut retarder l'échéance du constat. Mais il suffit d'un événement brutal pour être ramené à l'interrogation fondamentale : le rapport de soi à la mort. Nombreux sont ceux qui, souffrant de leur anéantissement prochain, bannissent la raison, fondement de leur athéisme, et se réfugient en dernier recours dans la croyance, avec l'espoir d'une survie. Le tragique de la condition humaine s'impose à nous à des moments critiques de notre vie, et nous peinons à justifier notre présence sur terre. Qu'on ait un accès de révolte, ou une attitude de soumission, parce qu'on sait que cette condition est partagée par d'autres, on est obligé de chercher un sens à notre vie.

Nous vivons l'aventure humaine dans la solitude. Quiconque a été immobilisé pendant plusieurs mois dans une coquille, à la suite de fractures de la colonne vertébrale dues à un accident, sait que les témoignages affectueux de sa famille et de ses amis, très vifs au départ, se dissipent ensuite. On vit seul cette situation. A un appel, nulle réponse que le silence. Nous vivons, chacun de notre côté notre expérience humaine. Nous vivons dans l'inconnu, nous ne nous reconnaissons plus parmi ceux qui nous côtoient.

La lassitude en fin de vie

Rares sont ceux qui luttent pour conserver leur vie, qui se révoltent contre une fin prochaine. Plus d'avenir. Plus rien à découvrir sur le plan de la marche du monde, ni sur le plan de son univers propre : plus de désir, plus d'attente. Les liens avec enfants, petits-enfants sont distendus. Plus d'engagement des uns et des autres. Nous n'attendons rien d'eux. Eux n'attendent rien de nous. Nous nous éloignons des figures auxquelles nous étions attachés.

En fin de vie les habitudes quotidiennes deviennent pénibles. Toujours les mêmes gestes, les mêmes obligations. Le familier devient pesant. Le temps fait du sur place. Le paysage qu'on aimait nous devient étranger. On s'y mirait, parce qu'il était en accord avec nous, parce qu'on y puisait ses pensées. Il devient vide, nous renvoyant une image défigurée de nous-même, délavée, en vieille photo jaunie. Avons-nous alors une raison de vivre ?

Moi, face à la mort

Chacun redoute d'être peu à peu grignoté par une maladie qui conduit, d'une façon inéluctable, à la mort.

On préférerait une rupture violente, immédiate, par un arrêt cardiaque. Certes, de nos jours, on est soutenu, maintenu en vie. Les soins palliatifs aident à attendre la mort, chez le mourant et chez ses proches. La mort apparaît une délivrance. Notre rapport au défunt peut en être affecté. Sur le coup seulement, parce qu'on ne considère alors que la question médicale et les réponses apportées à la fin de vie. L'ultime étape passée, on retrouve l'angoisse de la rupture d'un lien affectif inscrit dans sa propre histoire.

L'interrogation sur sa vie

En fin de vie, on fait dérouler les événements de son histoire, avec les succès et les échecs, dans la continuité et les ruptures qui l'ont jalonnée et remise en question, afin de savoir ce qu'on est devenu au fil du temps et quelle a été sa destinée. Pour se réconcilier avec soi-même, ou, dans un mouvement de désespoir, pour rompre avec soi-même.

Devant la mort prochaine, on évalue le parcours de sa vie. Comment l'a-t-on construit ? Qu'est-ce qu'on a attendu au cours de sa vie ? Qu'est-ce qu'on a craint de perdre ? De quoi a-t-on cherché à se protéger ? Quels risques avons-nous pris ou que nous n'avons pas voulu prendre ? Avons-nous été le jouet des événements ? A quels moments avons-nous senti intensément notre existence ?

Avons-nous atteint le but que nous nous étions fixé ? Tout est maintenant joué. Pas question de rectifier la trajectoire. Tout est irrémédiable : impossibilité de recommencer une vie mal vécue. Parfois on évoque une autre vie possible, celle qui se serait établie sur d'autres bases, relationnelles, affectives, professionnelles. Tout est maintenant fini, sans retour en arrière. Plus que les réussites, on comptabilise les échecs.

Revoir son passé est rarement apaisant. Certains épisodes sont stables, mais d'autres sont tourmentés. Nous remettons en question ce que nous avons fait. Nous mettons à distance notre réussite professionnelle et sociale, pour un face à face avec nous-même, par rapport au sens que nous donnons à la vie, à l'approche de la mort. Pourquoi vivre ? Comment vivre ? Retour douloureux sur son existence. Tout ce qui apparaissait primordial (rituels professionnels et familiaux) devient insignifiant, dérisoire.

Des erreurs commises à certains moments, effacées à cette époque par une rationalisation des faits, exonérant notre responsabilité, resurgissent. Nous n'avons pas su trouver de réponse à des questions soulevées par une situation. Nous nous rendons compte que nous n'avons pas été à la hauteur des événements rencontrés.

Nous assistons non pas seulement à l'effondrement de l'avenir, mais du passé. Nous avons créé un monde artificiel pour nous protéger.

Nous éprouvons parfois de la nostalgie, à propos de moments uniques de joie. Du regret, dans un retour du passé, à un moment de notre vie, où un mal n'a pu être réparé. Du remords, quand la faute que nous avons commise dépend encore de nous et nous entraîne une sanction, voire un châtiment. A la fin d'une vie, je ne peux plus me racheter par l'action. Ma faute reste présente en moi. Je suis condamné.

Yvan Illitch (Tolstoï), mourant, s'interroge sur sa vie, vie professionnelle réussie extérieurement, mais dont il perçoit les ratés, par des abandons, des lâchetés pour progresser. Avec une vie familiale difficile, dans la relation en couple, avec des soucis d'argent. Il s'aperçoit que dans "son ascension dans l'opinion publique" il a perdu son "essence vitale".

On tente de trouver le sens de sa vie, en déchiffrant les faits, les paroles, les actes. Mais on délaisse les silences de notre histoire, ce qui a été dangereux pour nous et que nous avons refoulé. On les tient à distance, mais ils restent présents en nous et ils stagnent en nous, dans l'angoisse.

Certaines personnes veulent écrire, pour se détacher de l'immédiat, pour prendre du recul. Pour trouver un autre registre d'expression, au-delà du choc émotionnel de l'instant. Reconstruire le vécu, voire le transfigurer, établir une unité de soi-même. Par des mémoires écrits, des récits de vie, certains reconstituent leur passé, en se donnant un rôle central dans la gouverne de leur vie. Ils restructurent les événements, et effacent tout ce qui pourrait troubler leur image. Tout est en ordre dans la perspective temporelle. Il faut donner une image de soi stable dans son développement personnel, une mise en place de soi dans le monde fréquenté, par l'action qu'on a menée, les changements qu'on a introduits. En bref, pour se glorifier.

Moi, face à la mort

Actuellement, les constatations cliniques du fonctionnement du cerveau nous montrent que notre esprit est lié à notre corps, que nos pensées proviennent de la culture acquise, de l'expérience de la vie. Tout disparaît à notre mort. Tout s'anéantit. Seuls survivent des écrits, des récits d'une vie. Une survie en esprit. Grâce aux lecteurs.

La croyance en l'immortalité de l'âme régit les religions. Il faut avoir la foi pour croire que notre âme survivra après notre mort, que ce soit pour se fondre dans une âme universelle ou pour accéder individuellement à un paradis. La mort n'est alors qu'une séparation, qu'un passage du monde des vivants vers l'au-delà.

Quand on a la foi, on conçoit la mort comme un nouveau départ, du fini pour l'infini, sans appréhension, puisqu'on a la certitude de rencontrer le divin, même si on craint pour son salut.

Mais quand on n'accède pas à la foi, on recherche un ordre sur terre pour y trouver sa place, et on craint la mort, le point d'arrivée, irréversible. Chacun se trouve face à lui-même devant la mort, sans l'aide d'un autre, seul avec ses peurs. Affronter ses peurs, liées à ses angoisses personnelles, liées à la confrontation avec le milieu social, parfois étranger à son milieu d'origine, est une épreuve. Sans espoir d'une rédemption ultérieure. Car le salut n'existe pas. Je vis dans le moment présent, non dans l'espoir d'un avenir. Je ne suis qu'une parcelle d'existence dans un univers éternel. J'accepte ma condition, en m'exposant à la réalité, tout en n'étant pas dupe des illusions de la vie.

Cela veut-il dire : vivre quotidiennement avec l'idée de la mort ? Cela signifierait renoncer à considérer le moment présent dans ses caractéristiques propres, aux plaisirs qu'il peut apporter. Ce serait se condamner à une éternelle angoisse face au néant et refuser un projet d'avenir. La mort est la fin de la vie. Mais non son but. La vie a son propre objet.

Trouver la force de vivre en soi-même, en toute connaissance de la précarité de son existence. Savoir se battre dans les épreuves. Savoir souffrir.

Savoir aussi ressentir des sentiments forts, dans l'émotion, la création, pour vivre intensément l'instant présent, savoir aussi ne pas mépriser les petites choses de la vie qui procurent des moments de bonheur (l'impression de quiétude devant un beau paysage, la découverte du regard naïf des enfants sur le monde).

C'est cela la joie de vivre, sans appréhension, sans illusions, en acceptant ce qui arrive, avec sérénité, en s'ouvrant au monde environnant. Peut-être en éclatant de rire, parfois, pour conjurer l'angoisse.

Le lien social avec les morts, les ancêtres

La sépulture traditionnelle, retour à la terre, restitue le lien social qui unit le défunt à ses proches. Elle est le lieu symbolique d'une rencontre, d'une construction de nouveaux rapports dans l'histoire familiale. La crémation anéantit le lien symbolique. La cendre révèle le néant. Qu'elle se pratique dans certaines cultures et religions, cela se comprend : les symboles ne sont pas les mêmes.

Les cérémonies rituelles à la mort - qu'elles soient religieuses ou civiles - restituent le rapport du défunt à sa relation à autrui, en lui donnant une autre dimension que celle de la vie quotidienne, dans le monde des vivants, celle d'un rapport à l'humanité, dans une version sacrée.

Partir, quitter le monde social, en acquérant le statut de défunt, c'est avoir une autre présence, positive ou négative, peut-être éphémère - selon l'empreinte laissée - non seulement dans le souvenir des vivants, mais aussi dans leur expérience humaine. Certains ont revendiqué une filiation, d'autres l'ont rejetée. Mais, quelle que soit l'option, la présence est là, invisible, se révélant à l'occasion de certains événements, provoquant même parfois des désarrois, parce que la situation vire à l'énigme, dont on ne comprend pas les ressorts internes.

Au décès d'un être proche, je me rappelle les moments vécus avec lui, ceux qui me liaient à lui, ceux qui ont fait de moi ce que je suis. Avec le souvenir de ce que je lui dois. Dans la douleur d'une séparation définitive. Car il ne pourra vivre que par moi, dans ma mémoire.

Je ne cherche pas à suivre les pratiques sociales du deuil pour affirmer mon attachement à lui. Ma démarche n'est pas visible de l'extérieur, signifiant ma désolation. Elle est l'établissement d'un lien profond et permanent avec l'être aimé.

Comment, à la mort d'une personnalité connue pour ses convictions, ses combats, ses heurts avec ses adversaires, toute critique devient modérée, explicative, dépourvue de haine ? Le combat est terminé, l'adversaire est à terre et devient respecté : il a fait son devoir jusqu'au bout, on comprend son itinéraire. Les armes se sont tues.

La terre devient plus conciliante. Chacun redevient homme et reconnaît que la nature de l'homme pousse à combattre pendant sa vie. La mort n'efface pas tout, car l'histoire demeure, mais elle rétablit l'égalité entre les hommes.

Sommaire

Achevé d'imprimer par Corlet Numérique - 14110 Condé-sur-Noireau
N° d'Imprimeur : 121061 - Dépôt légal : septembre 2015 - *Imprimé en France*

www.ingramcontent.com/pod-product-compliance
Lightning Source LLC
LaVergne TN
LVHW051410061026
849535LV00009B/3461